ELOGIOS PARA *EL DOLOR DEL LIDERAZGO*

Dados los muchos líderes que se están derrumbando ante nuestros propios ojos, ¡esta es una discusión muy oportuna en un recurso muy capaz! Es mi oración que medites muy bien las ideas del Dr. Chand, tanto si eres líder como si estás sirviendo a uno.

—*Obispo T. D. Jakes, Sr.*, autor de éxitos de ventas del *New York Times*, pastor en The Potter's House en Dallas, Texas

El liderazgo y el dolor a menudo son inseparables. Y cada vez que mi nivel de dolor aumenta, tengo que recordarme (esto es lo que hacen los líderes) liderar en el dolor y a través de él. Mi amigo Sam Chand nos ayuda a entender cómo aceptar, y más importante aún, crecer, durante y a través de nuestro dolor.

—*John C. Maxwell*, autor de éxitos de ventas del *New York Times* y orador

El Dr. Chand es uno de los mejores maestros sobre liderazgo que jamás he escuchado. Su nuevo libro, *El dolor del liderazgo*, trata de forma brillante una de las cualidades de los mejores líderes de las que menos se ha hablado, pero que es de las más importantes: la capacidad de soportar el dolor. La percepción del Dr. Chand es a la vez práctica e inspiracional. Cada líder que quiere crecer debería leer este libro y aplicar lo que enseña.

—*Craig Groeschel*, pastor principal de LifeChurch y autor de *From This Day Forward: Five Commitments To Fail-Proof Your Marriage*

En *El dolor del liderazgo: lecciones que transforman a todo gran líder,* Sam Chand abre el telón para dar un vistazo tras bambalinas al proceso de hacernos camino por el dolor del liderazgo. Sus perspectivas ayudarán a cualquier líder a encarar con éxito los inevitables retos que todos los líderes deben enfrentar. Sam es un comunicador brillante, y este libro es lectura obligada para cualquiera que desee convertirse en un líder más fuerte, más sabio y más compasivo.

—*Jentezen Franklin,* pastor principal de Free Chapel; autor del éxito de ventas del *New York Times, El ayuno*

Lee el trabajo de Sam Chand, *El dolor del liderazgo,* y escucha el sonido de los acordes que él toca y resuenan en lo profundo de nuestra alma. Sus libros no son tanto "manuales del éxito" sino, más bien, "dosis de realidad". Los mejores líderes somos los que aprendemos a identificar las distintas formas en las que intentamos minimizar nuestro dolor, huir de él o negarlo. Sin embargo, la experiencia del dolor es la senda para ser verdaderamente francos con respecto a nuestra vulnerabilidad, mortalidad, fragilidad, falibilidad, vanidad y necedad. La sinceridad es el único modo de "crecer por ella". El Dr. Chand nos ayuda a dar pasos hacia la "victoria" que ganaremos, pasos que tenemos que dar especialmente cuando nos sentimos fracasados. ¡Gracias de nuevo, Sam!

—*Pastor Jack Hayford,* rector de The King's University, Dallas/ Los Ángeles

Parece que todos escriben sobre el "cómo" del liderazgo, pero finalmente alguien ha escrito sobre el dolor. El nuevo libro de Sam Chand, *El dolor del liderazgo*, habla de la cruda y dolorosa realidad de liderar personas y organizaciones. Todo líder tiene que leer este libro. En la era actual, tan distraída y trastornada, se promueve mucho el liderazgo de "sentirse bien". Necesitamos líderes que sepan cómo abrirse camino por las decisiones difíciles, las situaciones retadoras y los asuntos complejos. Compra este libro, porque no te puedes permitir perderte la oportunidad de aprender del mejor.

—*Phil Cooke*, cineasta, consultor de comunicación y autor de *Unique: Telling Your Story in the Age of Brands and Social Media*

Todo líder se enfrenta a desafíos dolorosos. Estas dificultades pueden hacer que abandonemos, ¡o que prosigamos y crezcamos! Este magnífico libro de mi amigo, el Dr. Sam Chand, te dará un entendimiento práctico del dolor, la presión, y de tu potencial. Lee este libro para que tu perspectiva sea transformada para siempre.

—*John Bevere*, autor/ministro, Messenger International

El agotamiento es un síntoma de desilusión, y puede golpear a pastores tan fuerte como a los CEO. El Dr. Chand tiene una gran reputación en cuanto a ayudar a algunos de los líderes más respetados del mundo a sobreponerse al desánimo y a lidiar con el cambio. *El dolor del liderazgo* relata algunas de estas historias y muestra cómo dejar que Dios use nuestras situaciones dolorosas para que nos lleven a nuevos niveles en nuestro liderazgo.

—*Steven Furtick*; pastor principal de Elevation Church y autor de los éxitos de ventas del *New York Times*, *Crash The Chatterbox*, *Greater* y *Sun Stand Still*

No creo que haya una afirmación de liderazgo más poderosa y retadora que esta: "Solo crecerás hasta el umbral de tu dolor". Si quieres aumentar tu capacidad de liderazgo, debes aumentar tu tolerancia al dolor. El estiramiento y el crecimiento son procesos dolorosos, pero los resultados siempre valen la pena.

—*Christine Caine,* fundadora The A21 Campaign

Mi amigo de toda la vida, Sam Chand, ha diagnosticado con precisión el dolor del liderazgo, ¡y ha dado una prescripción y un pronóstico esperanzador! Al compartir las diversas historias de otros líderes que han soportado dolor y han sobrevivido, su mensaje nos ayudará a superar los sentimientos de soledad y futilidad, y dará consuelo a los líderes doloridos. ¡Me emociona que Sam haya provisto un recurso tan relevante para los líderes! ¡Esto es una respuesta a la oración!

—*Obispo Dale C. Bronner,* D. Min., autor y pastor principal de Word of Faith Family Worship Cathedral, Atlanta, Georgia

El Dr. Chand es una de las mentes más astutas que conozco. Con sabiduría profunda, pero a la vez sencilla, desarrolla los asuntos complejos de la vida y te empodera con las herramientas para tener éxito. Este libro está cargado de sabiduría y experiencias personales de algunas de las personas más poderosas. Le deja saber al lector: "No estás solo, y hay vida después de esto". Mi lección más grande de este libro es que este dolor innegable es mi indicador de crecimiento. Este es un *libro maravilloso,* y en mi iglesia será, sin lugar a duda, una *lectura obligada*.

—*Smokie Norful,* pastor principal de Victory Cathedral Worship Center, en Chicago, Illinois; cantante y compositor ganador de un premio Grammy

Siempre he dicho que diferentes líderes deberían leer diferentes libros. Estaba equivocado. Todo líder necesita este libro. El dolor llegará a cada líder, y cuando suceda, este libro será de verdadera ayuda. Sam Chand es una voz inteligente de sabiduría en un mundo ruidoso de agitación, y su sabiduría aquí te sostendrá durante los tiempos difíciles.

—*William Vanderbloemen*, presidente de Vanderbloemen Search Group, autor de *Next: Pastoral Succession That Works*

Este libro pega fuerte. Detrás del humor y los ingeniosos aforismos encontramos una gran verdad que no podemos esquivar, y que quienes han estado en el liderazgo conocen muy bien: el liderazgo es doloroso. El dolor es el rito de iniciación del líder. Cada nivel de crecimiento de liderazgo llega con dolor. El Dr. Sam Chand me desafía. Es mi afilador. Su autenticidad. Sus preguntas. Su intelecto. Su espíritu. Su testimonio. Me inspira tanto detrás como fuera del púlpito, para convertirme en una mejor persona y líder. Permítele inspirarte a ti también. *El dolor del liderazgo* es un libro para el viaje. Es buena medicina para cada líder que se ha sentido aislado, incomprendido o traicionado. Aquí encontrarás sabiduría y fuerza para perseguir el crecimiento y la eficacia en el liderazgo. Léelo antes de que haya algún dolor. Repásalo cuando haya dolor. Recomiéndalo después del dolor.

—*Mensa Otabil*, rector de Central University, Accra, Ghana

Sam Chand ha tocado de nuevo el núcleo de lo que los líderes afrontan en su diario vivir. Sus esclarecedores libros siempre tratan con precisión los asuntos clave que enfrentan los líderes. En este libro, Sam describe el hecho de que el dolor es el compañero de cualquier líder que está iniciando el cambio y siendo una verdadera influencia. El compromiso para resolver problemas e iniciar el cambio, inevitablemente produce dolor. Las ideas de este libro, no obstante, no son solo académicas; Sam entiende la vida emocional de un líder. Guía a los líderes por el reto del dolor como parte de su crecimiento en el liderazgo. También explica el privilegio del liderazgo y el hecho de que un gran destino siempre va acompañado de gran adversidad. Este libro es una herramienta excelente para líderes que necesitan saber cómo navegar por los retos de su mundo de liderazgo.

—*Andre Olivier,* pastor principal de Rivers Church, Sudáfrica, y autor de *Pain Is Inevitable, Misery Is Opcional* y *Principles for Business Success*

EL DOLOR DEL LIDERAZGO

LECCIONES QUE TRANSFORMAN A TODO GRAN LÍDER

EL DOLOR DEL LIDERAZGO

LECCIONES QUE TRANSFORMAN A TODO GRAN LÍDER

SAMUEL R. CHAND

WHITAKER HOUSE
Español

A menos que se indique lo contrario, todas las citas de la Escritura han sido tomadas de la *Santa Biblia, Nueva Versión Internacional*®, NVI ®, © 1999 por la Sociedad Bíblica Internacional. Usadas con permiso. Reservados todos los derechos. Cursivas y negritas en los textos y citas bíblicas son énfasis del autor.

EL DOLOR DEL LIDERAZGO
Lecciones que transforman a todo gran líder

Traducido por:
Belmonte Traductores
www.belmontetraductores.com

Editado por Henry Tejada Portales

ISBN: 979-8-88769-487-0
eBook ISBN: 978-1-64123-483-2
Impreso en los Estados Unidos de América.

www.samchand.com

Publicado originalmente en inglés en el 2015, bajo el título *Leadership Pain* por Thomas Nelson, una marca registrada de HarperCollins Christian Publishing, Inc.

Whitaker House | 1030 Hunt Valley Circle | New Kensington, PA 15068
www.espanolwh.com

1 2 3 4 5 6 7 8 9 10 11 LSI 32 31 30 29 28 27 26 25

No podría escribir un libro sobre el dolor del liderazgo sin honrar a Brenda, mi esposa y "compañera en el dolor" desde 1979 y mi mejor amiga desde 1973. Juntos hemos pasado por los tiempos más oscuros: fracasos de liderazgo, pobreza, muertes, desafíos matrimoniales, la educación de los hijos, aventuras de negocios fallidas, decepción de personas, traición, planes que se torcieron, y muchas cosas más.

Brenda es mi esposa, mi mejor amiga, la mejor madre y abuela, y la persona más sabia que conozco.

Todo lo que soy hay que acreditárselo al Señor y su bondadoso regalo de Brenda. Ella se ha sentado a mi lado cada día en el salón de clases del dolor para el crecimiento.

ÍNDICE

RECONOCIMIENTOS

Aunque mi nombre figura en este libro como el autor, no podría haberlo escrito sin la contribución de muchos maestros que me han dado verdaderas *lecciones que transforman a todo gran líder*. Estoy en deuda con cada uno.

Mi esposa Brenda, mis hijas Rachel y Debbie, Zack, mi yerno y mis nietas, Adeline y Rose, son fuentes de gran gozo y consuelo cuando enfrento los dolores de la vida.

Muchos amigos en el ministerio y el mundo laboral me han contado sus dolores, enseñándome que el dolor es el salón de clases de cada líder.

Mi editor, Pat Springle, alivia mi dolor al tomar mis pensamientos en bruto, montones de notas y horas de audios para crear algo convincente para mí... y ahora para ti.

Varios mentores dotados, sabios y tenaces a lo largo de los años me han animado a aceptar mis dolores, perseverar y seguir avanzando.

De todos ellos he aprendido, y sigo aprendiendo, que solo crecerás hasta el umbral de tu dolor.

1

LA LEPRA DEL LIDERAZGO

Debemos aceptar el dolor y quemarlo como combustible para nuestro viaje.
—Kenji Miyazawa

Es inevitable, es imposible escapar de eso. Por su misma naturaleza, el liderazgo produce cambio, y el cambio, aunque sea un crecimiento y progreso maravillosos, siempre conlleva al menos una medida de confusión, pérdida y resistencia. Para decirlo de otra forma: el liderazgo que no produce dolor, o bien está en una etapa corta de bendición inusual, o realmente no está marcando diferencia alguna. Así que,

Crecimiento = Cambio
Cambio = Pérdida
Pérdida = Dolor

Por lo tanto,

Crecimiento = Dolor

Cuando los líderes, en cualquier campo, asumen el riesgo de mover individuos y organizaciones de una etapa a otra, del estancamiento a la eficacia o del éxito a la importancia, inevitablemente se topan con confusión, pasividad y resistencia abiertas por parte de aquellos a quienes intentan liderar. Es totalmente predecible. Cualquier estudio sobre líderes empresariales muestra este patrón en las respuestas de los miembros del equipo. El gurú empresarial Peter Drucker observó que los cuatro empleos más difíciles en América son, sin un orden en particular: presidente de los Estados Unidos, presidente de universidad, director general de un hospital y pastor (he estado en dos de estos papeles: pastor y presidente de universidad).

NO DEBERÍA SER UNA SORPRESA

Los principios y prácticas de este libro están dirigidos principalmente a personas que están en posiciones de liderazgo organizaciones sin fines de lucro. Esto incluye pastores, miembros del equipo y líderes voluntarios. Las historias y lecciones que se presentan, sin embargo, no están limitadas a estas esferas. Se aplican a líderes empresariales y a todos los demás tipos de organizaciones. Cada líder siente el dolor.

Algunos líderes se sienten encadenados por los errores del pasado o los dolores del pasado. Otros miran a un futuro incierto y se sienten paralizados. He realizado consultoría con líderes cuyas organizaciones sin fines de lucro han crecido de unos cientos a varios miles, pero se sienten abrumados porque no tienen ni idea de cómo manejar una organización de ese tamaño. A unos pocos de esos líderes les cuesta articular una visión clara. Casi pueden gustar el futuro, pero lo único que tienen es miradas en blanco cuando intentan explicar una visión. Para la mayoría de ellos, la presión de las preocupaciones económicas es casi un estrés constante. Juntar nuevos trabajadores y voluntarios con un equipo ya existente puede crear confusión en todos. Y a veces un líder tiene que cavar hondo para encontrar el valor para despedir a un amigo. La incomprensión, el conflicto, y todo tipo de estreses llegan a la vida personal de nuestra familia, nuestros equipos de trabajo y de liderazgo, y nuestras comunidades.

En conferencias, mesas redondas y consultorías, he hablado con muchos líderes que no eran idealistas al comienzo de su labor, pero ciertamente no esperaban el nivel de conflicto, desánimo y lucha que soportaron mientras estaban haciendo la tarea. El dolor les había atacado por el lado ciego, y muchos de ellos suponían que algo estaba terriblemente mal con ellos porque el dolor no se fue rápidamente. Su solución fue hacer todo lo necesario para detener el dolor. No se daban cuenta de que esa es, exactamente, la respuesta incorrecta. La insensibilidad no es una respuesta viable. De hecho, siempre agrava los problemas. Es lo que yo llamo la "lepra del liderazgo".

TERMINACIONES NERVIOSAS

En su libro *On Death and Dying* [Sobre la muerte y los moribundos], Elisabeth Kübler-Ross observó la progresión de los pacientes agonizantes al hacer frente a los azotes de sus enfermedades. Ella observó que pasaban por etapas definibles de dolor: negación, ira, negociar, dolor (o tristeza) y aceptación.[1] Otros observaron que las personas pasan por estas etapas en cualquier tipo de pérdida significativa. Los líderes también las experimentan.

Cuando golpea la realidad del dolor, la primera respuesta a menudo es: "¡Esto no puede estar sucediendo!". Esa es la negación.

Después, cuando el líder no puede ignorar la dolorosa realidad, emerge la ira: con la causa, con él mismo, con Dios, o con cualquier otra persona que llegue a su mente.

Una reacción natural y normal para cortar el dolor es negociar. La persona intenta instintivamente hacer un trato. "¿Qué puedo hacer para deshacerme del dolor y volver a la normalidad?". Parece una pregunta perfectamente válida, pero es más un escape que el valor de hacer frente a los duros hechos.

Lentamente, y de forma gradual, la persona deja de hacer algún tipo de trato para salir del dolor. La pérdida toma forma. Es casi palpable. Y una profunda tristeza llena el corazón. Este etapa puede parecer y se puede sentir muy parecido a una depresión, pero hay luz al final del túnel.

Más tarde, o más temprano, la persona experimenta una esperanza renovada. Nuevas perspectivas, ideas que no se podían haber aprendido de ninguna otra forma, se convierten en tesoros encontrados en la oscuridad. La persona ahora tiene más compasión, un gozo más profundo, y más amor para compartir con otros.

Las etapas del dolor no son lineales. La gente puede ir hacia adelante o hacia atrás en ciclos más profundos de comprensión del dolor. Es enrevesado y feo, pero es esencial si las personas quieren hacer las paces con su dolor.

La respuesta humana normal al dolor es hacer cualquier cosa menos enfrentarlo. Solemos *minimizar* el problema

("Oh, realmente no es tan malo"), *excusar* a los que nos han ofendido ("Ella en verdad no quería decir eso"), o *negar* que haya ocurrido ("¿Qué conflicto?" ¿Qué traición? ¿Qué ofensa? ¡No sé de qué me estás hablando!").

El dolor no es malo, a menos que nos venza.

—Charles Kingsley

Pero el dolor no es el enemigo. La incapacidad o el rechazo para hacer frente al dolor es un peligro mucho mayor. Yo crecí en la India, donde vi a miles de leprosos. A menudo les falta la nariz, las orejas, los dedos de las manos y de los pies, pero no porque su carne se pudra (esa es una idea equivocada muy común). Varias partes del cuerpo se dañan gravemente porque no sienten las señales de aviso de dolor para mantenerse lejos de los peligros. El Dr. Paul Brand trabajó con leprosos en la India y los Estados Unidos. En *The Gift of Pain* [El regalo del dolor], escrito conjuntamente con Philip Yancey, Brand cuenta la historia de Tanya, de cuatro años. Cuando su madre llevó a Tanya al hospital nacional de leprosos en Carville, Luisiana, el Dr. Brand observó de inmediato que la pequeña parecía totalmente calmada mientras él retiraba sus vendajes ensangrentados y examinaba su tobillo dislocado. A medida que el doctor movía con cuidado el pie de la niña para evaluar la extensión del daño, Tanya parecía aburrida. No sentía dolor en absoluto.

Su madre explicaba que al principio se dio cuenta del problema de Tanya cuando tenía solo dieciocho meses de edad. Había dejado a su hija en un corralito unos minutos. Cuando regresó, vio que Tanya estaba pintando con su dedo ensangrentado garabatos rojos en la sábana. Ella no recordaba haberle dado a su hija ninguna pintura. Cuando se acercó, gritó de horror. ¡Tanya se había mordido el extremo de su dedo y estaba usando su sangre como pintura! Cuando su madre gritó, la niñita alzó la mirada y tenía "manchas de sangre en sus dientes".

Tanya sufría un extraño mal genético llamado indiferencia congénita al dolor, una enfermedad muy parecida a la lepra. En todos los demás aspectos era una pequeña saludable, pero no sentía dolor alguno. Siete años después, la madre de Tanya llamó al Dr. Brand para decirle que a la pequeña le habían tenido que amputar ambas piernas así como la mayoría de los dedos de las manos. Sus codos se le dislocaban constantemente, y sufría sepsis por las úlceras de sus manos y muñones de sus piernas. Se había mordido la lengua tantas veces que la tenía hinchada y lacerada.

Años atrás, el padre de Tanya se fue porque no pudo soportar el estrés de criarla, y la había llamado "un monstruo". El Dr. Brand dijo: "Tanya no era un monstruo, solo un ejemplo extremo, realmente una metáfora humana, de una vida sin dolor".[2]

La lepra puede ser contagiosa, pero el Dr. Brand aseguró a sus colegas del hospital que no estaban en peligro. Entonces, una noche, tras un vuelo de América a Londres, el Dr. Brand fue a su hotel y comenzó a desvestirse para irse a la cama. Cuando se quitó uno de sus zapatos, se dio cuenta de que no tenía sensación alguna en su pie. ¡La insensibilidad le aterró! Encontró un alfiler y se lo clavó en la piel debajo de su tobillo. Nada. Lo empujó un poco más en su carne. Esta vez apareció algo de sangre, pero seguía sin sentir dolor alguno.

Toda la noche el Dr. Brand estuvo en la cama con su mente acelerada imaginándose su nueva vida como leproso. ¿Cómo afectaría a su vida personal? ¿Tendría que dejar a su familia y vivir en una colonia para no contagiarlos? ¿Qué seguridad podría darle ahora a su equipo de que ellos no contraerían también la enfermedad?

A la mañana siguiente, mientras amanecía, el Dr. Brand tomó de nuevo un alfiler y se pinchó en el tobillo. Esta vez gritó. ¡Le dolió! A partir de ese día, siempre que sentía malestar por un corte, náuseas o cualquier otra cosa, respondía con una gratitud genuina: "¡Gracias, Dios, por el dolor!".[3]

HACERSE AMIGO DEL DOLOR

Tanya y muchos millones más que no tienen la capacidad de sentir el dolor, soportan una desventaja severa e involuntaria, pero el resto a menudo *escogemos* la insensibilidad y sufrimos las consecuencias. Muchos líderes piensan que tienen que poner una cara feliz (o al menos una cara estoica) ante las personas de su organización, así que rehúsan admitir su desánimo, decepción y desilusión, incluso ante sí mismos, o intentan demorar su dolor. Preocupados, y quizás enojados, le dicen a sus cónyuges: "En cuanto se termine la campaña de construcción, el nuevo programa de música esté funcionando, contratemos al nuevo miembro de la plantilla, o algún otro acontecimiento se logre, podré aminorar el paso y el estrés se irá". Para los líderes, ignorar el dolor es la lepra del liderazgo. Puede que prometa la ganancia a corto plazo de evitar la incomodidad, pero tiene consecuencias a largo plazo que son devastadoras.

> El dolor tiene el propósito de despertarnos. La gente intenta esconder su dolor, pero es un error. El dolor es algo para llevar, como una radio. Tú sientes tu fuerza al experimentar el dolor. Todo está en cómo lo lleves. Eso es lo que importa. El dolor es un sentimiento. Tus sentimientos son parte de ti, tu propia realidad. Si te avergüenzas de ellos y los escondes, estás dejando que la sociedad destruya tu realidad. Deberías defender tu derecho a sentir tu dolor.
>
> —Jim Morrison, *Nobody Gets Out of Here Alive*

Necesitamos una perspectiva nueva. Necesitamos hacernos amigos de nuestro dolor. En un artículo de la página de opinión del *New York Times*, el columnista David Brooks ofreció una visión sorprendente del poder del dolor. Observó que los estadounidenses están obsesionados con la búsqueda de la felicidad, pero a menudo se sienten vacíos, solos y sin propósito. Él observó: "Las personas buscan la felicidad, pero se sienten formadas mediante el sufrimiento… La felicidad quiere que pienses en maximizar tus beneficios. La dificultad y el sufrimiento te llevan por un camino distinto". Brooks comparte esta idea: "La respuesta correcta a este tipo de dolor no es el placer. Es la santidad… poner las duras experiencias en un contexto moral e intentar redimir algo malo convirtiéndolo en algo sagrado". En el proceso, puede que no salgamos sanados; salimos diferentes.[3]

Cuando Lou Gerstner se convirtió en el presidente y CEO de IBM en 1993, la compañía tenía problemas. Durante su primera reunión, el equipo de liderazgo discutió la estrategia de IBM. Cuando se terminó esa reunión de ocho horas, Gerstner dijo que no entendía una cosa; era como si los otros líderes hablaran un lenguaje diferente.

Esa reunión, por muy dolorosa que fue, le reveló exactamente a lo que se enfrentaba para hacer que la compañía fuera rentable. Finalmente, tuvo que transformar la poderosa cultura de IBM, una cultura que la hizo tanto famosa como exitosa en la década de 1960 y 1970. Imagínate ser alguien externo a la compañía y tener que transformar un icono como IBM. ¿Cómo lo hizo?

Gerstner se hizo amigo de su dolor. Abrazó el dolor de transformar toda la cultura de IBM, el dolor de centralizar lo que se había convertido en una operación muy individualista, y el dolor de hacer hamburguesas con las vacas sagradas de la empresa: procesos operativos que estaban considerados procedimientos operativos estándar antes de que él llegara. Al aceptar estos dolores, le dio la vuelta por completo a IBM.

A menudo, los deportistas juegan con dolores. Saben que tienen que hacerse amigos de su dolor. Un defensa de la NFL dice que jugar al fútbol es como "estar en un accidente de tráfico cada día".[4] ¿Por qué continúan haciéndolo? Porque les encanta jugar, y entienden que sus dolores y achaques son el precio que deben pagar para estar en un equipo y competir en el campo.

Aceptar tu dolor nunca es fácil. Todos los líderes deben soportar el dolor de la crítica. No puedes ser un líder y evitar que te critiquen. Todo lo que el presidente de los Estados Unidos dice y hace lo analizan intensamente los republicanos y los demócratas. Cada programa de debate matinal del domingo disecciona las principales políticas y acciones ejecutivas. Se necesita una piel muy gruesa para ser el presidente.

Hacerse amigo del dolor es parte del liderazgo. Nuestros dolores nos dicen que estamos avanzando en la dirección correcta. Nuevos dolores siempre serán parte de tu vida a medida que sigues escalando la escalera hacia tu destino.

¿Quieres ser un mejor líder? Eleva el umbral de tu dolor. ¿Quieres que tu organización crezca? ¿Quieres que tu empresa consiga metas más altas? La reticencia a enfrentar el dolor es tu mayor limitación. No hay crecimiento sin cambio, no hay cambio sin pérdida, y no hay pérdida sin dolor.

SOLO CRECERÁS HASTA EL UMBRAL DE TU DOLOR

Si no tienes dolores no estás liderando. Tu visión para el futuro tiene que ser suficientemente grande para impulsarte a enfrentar los dolores y luchas que encontrarás por el camino.

Mi propósito es proporcionar un entendimiento concreto y práctico del dolor que experimentamos para interpretarlo con más precisión y aprender las lecciones que trae para nosotros. Si vemos el dolor solo como un intruso no bienvenido, no podremos hacer las preguntas correctas, y nuestro sufrimiento se malgastará. En estas páginas, evitaremos (¡como una plaga!) las respuestas simplistas a las preguntas más difíciles de la vida. Este es un libro atrozmente honesto y muy práctico.

Llegué a los Estados Unidos desde la India en 1973. Tenía veinte años y buscaba una vida mejor. Bob y Vivian Steinbough vivían en Pasadena, California, y ellos me pagaron mis estudios en el Instituto Bíblico Beulah Heights,[5] en Atlanta. Enviaban un cheque cada mes a la universidad para pagar mis gastos:

matrícula, hospedaje, alimento, libros y algunos gastos puntuales. Un año después, la Organización de Países Exportadores de Petróleo (OPEP) redujo severamente el suministro de crudo a los Estados Unidos. Las filas en las gasolineras daban la vuelta a los edificios, las tasas de interés se dispararon, la inflación subió a cifras con doble dígito, y la nación sufrió una grave recesión económica. Durante ese tiempo difícil, Bob Steinbough perdió su empleo, y yo perdí los cheques que él y Vivian habían estado enviando a la universidad.

La nación estaba en crisis, y *yo* estaba en crisis. Tenía que encontrar una manera de ganar dinero, así que llamé a todas las puertas en la calle Berne Street, cerca de la universidad. Les pedía a las personas si podía cortarles el césped, barrer las hojas o las aceras. Estaba dispuesto a hacer cualquier cosa. Una vez tras otra, los residentes debieron pensar que un joven de India parecía muy fuera de su lugar en el sudeste de Atlanta. Movían negativamente la cabeza y me decían que me fuera. Pero entonces ofrecí esto: "Se lo hago gratis".

Esto intrigó a algunos. Invariablemente me preguntaban: "Entonces ¿qué quieres de mí?".

Yo respondía: "Cuando termine, puede hacerme un sándwich de crema de maní y mermelada. Eso es todo".

Algunos de ellos aceptaron mi oferta, pero no era suficiente para mantener el hambre a raya. Como a un kilómetro de la universidad estaba el supermercado Simpson's Grocery Store. Las situaciones desesperadas demandan medidas creativamente desesperadas. Fui a la tienda y pedí hablar con el gerente. Le pregunté: "¿Alguna vez tira usted comida?".

Él me miró un tanto perplejo, pero en ese entonces yo estaba bastante delgado, así que mi pregunta no era muy difícil de entender. Él asintió: "Sí, claro, casi todos los días. No podemos vender ningún alimento después de la fecha de caducidad".

Le pregunté: "¿Ha oído usted hablar de todos los niños hambrientos de la India?".

"Sí", dijo mirándome con una sonrisa curiosa.

"Bueno, ¡pues aquí tiene a un indio hambriento!".

Durante muchos meses iba al supermercado para ver al gerente. Realmente no podía darme los alimentos que iba a tirar, pero los ponía en un paquete y los depositaba cuidadosamente en el contenedor comercial de dos metros de altura en la parte posterior de la tienda. Yo tenía que esperar hasta que volviera a pasar a la tienda, y entonces entraba en el contenedor, sacaba la comida y después salía. Él descubrió que yo podía usar alimentos congelados, especialmente las pizzas y bolsas de verdura, pero también me decía cuándo había fruta, como plátanos, manzanas y naranjas, que estaba demasiado madura para venderla pero que aún se podía comer.

Durante casi un año, este gerente de la tienda fue mi sustento para sobrevivir. Entonces encontré un puesto de conserje en la universidad. Lo solicité y conseguí el empleo. Enseguida necesitaron también un cocinero para el desayuno y alguien para lavar los platos, y me dieron también esos trabajos. Estaba contento de tener tres empleos a tiempo parcial, y ahora tenía acceso a la comida cada día. ¡Era maravilloso! Por supuesto, no me pagaban. Era un arreglo de intercambio. Por mi trabajo en el campus, la universidad me pagaba la matrícula, los libros, y hospedaje y comida.

Cuando conté esta historia a un grupo de personas, alguien me preguntó: "¿Por qué no te regresaste a la India?".

Eso es fácil de responder. Si no tenía dinero suficiente para comprar comida, ciertamente tampoco tenía dinero para comprar un boleto de avión para volar ¡al otro lado del mundo! Era tan pobre que ni siquiera tenía dinero para hablar con mis padres durante esos años. Las llamadas de larga distancia eran muy caras.

Una vez, un amigo me preguntó: "¿Cuándo fue la última vez que hablaste con tus padres?".

Pensé unos instantes y respondí: "Llevo aquí cuatro años, y no he hablado nada con ellos durante todo este tiempo".

Me dio quince dólares para que pudiera llamar a mis padres y hablar con ellos unos minutos.

Cuando llamé, mi padre respondió. Dije: "Hola, ¡soy Sam!".

Tras una pausa, él respondió: "¿Qué Sam?". Había pasado tanto tiempo, que no reconoció mi voz.

Le dije: "Sam, tu hijo".

El resto de la familia se puso al teléfono, aunque era más de medianoche en la India. Tuvimos una conversación maravillosa aunque muy corta para ponernos al día.

Las experiencias moldean las percepciones. Este periodo de pobreza creó una marca muy profunda en mi mente que insistía: "El dinero da opciones a la gente, pero yo soy pobre, así que no tengo opciones. Siempre seré pobre. Es mi destino en la vida". Creía firmemente que solo podría permitirme comer pizza congelada. Solo podía vivir en los lugares más baratos. No puedo tener amigos porque todos se avergüenzan de mi pobreza. ¿Quién me escuchará si intento decir algo?

El dolor de ser pobre me dejó una marca que parecía irreparable, pero gradualmente comencé a reinterpretar esos dolorosos años. Comencé a ver que tenía opciones, muchas opciones. Mi pasado no dictaba mi futuro. Tenía que aprender a pensar de manera más amplia, a imaginar posibilidades no limitadas por mis experiencias. Incluso en las circunstancias más negras, podemos descubrir opciones creativas. Yo lo llamé *pensamiento de cielo azul*. No es idealista e irracional, sino más bien uno que está infundido de una poderosa esperanza.

MI DESEO PARA TI

He conocido a muchos líderes cuyo potencial llegó hasta un techo y se detuvo cuando rehusaron atravesar su umbral de dolor. Algunos fueron sacados a flote por completo, pero la mayoría se conformaron con algo menos, a menudo bastante menos. Su umbral de dolor se convirtió en su techo. Mi esperanza para ti es que adquieras el corazón, la perspectiva y las habilidades para continuar elevando tu umbral de dolor. En los principios e historias de este libro espero que encuentres el valor para hacer tres cosas:

1. **Ver el dolor como tu mejor maestro.** No lo evites. No lo minimices. Y no te insensibilices a él. El dolor nunca desaparece porque sí. Cuando no se resuelve, se

profundiza en nuestra mente, crea ansiedad en nuestro corazón, causa resentimiento y depresión, y crea tensión en nuestras relaciones.

2. **Dejar que tu visión te dirija.** Mantén la visión fresca y fuerte. No dejes que tu mente sea consumida por tu dolor inmediato y tus obvias limitaciones. Cuando interpretas tu dolor como más grande, más importante, más amenazador, más comprensivo que tu visión, redefinirás tu visión hasta el umbral de tu dolor.
3. **Tener un riguroso plan de desarrollo personal.** Si tienes un plan para crecer en lo espiritual, lo relacional y lo profesional, incorporarás dificultades al proceso de aprendizaje. No te conformes. Lee a los mejores autores, pasa tiempo con líderes valientes y diseña un plan para afilar tus habilidades. En muchos momentos chocarás contra varios obstáculos, interna y externamente, reales y percibidos. Cuando te enfrentes a cada uno de ellos con valor, elevarás tu umbral de dolor y te convertirás en un mejor líder. En el proceso, verás el dolor como tu amigo, no como tu enemigo.

Sin una perspectiva nueva sobre el dolor, una visión convincente y un plan claro, cada dificultad tiene el potencial de detenerte en seco. Un sentimiento de destino que te dirija abre tus ojos a las lecciones que puedes aprender de la traición, la crisis y el fracaso.

Para ser un mejor líder, eleva el umbral de dolor en tu vida. Para conseguir esto, primero necesitas entender firmemente las tres clases de dificultades que te encontrarás: desafíos externos, estrés interno y dolores del crecimiento. Hacia esto nos dirigimos ahora.

Y RECUERDA:

SOLO CRECERÁS HASTA EL UMBRAL DE TU DOLOR.

2

DESAFÍOS EXTERNOS

El éxito no se mide por lo que logras sino
por la oposición que has tenido, y el valor con el que
has mantenido la lucha contra todo pronóstico.
—Orison Swett Marden

En la película *Gladiador*, el noble general romano Máximo Décimo Meridio dirige sus tropas hasta la victoria sobre la bárbara tribu germana. El emperador Marco Aurelio visita a Máximo en el lugar de esta victoria y le dice que planea nombrar al general como su sucesor y le da la misión de liderar al imperio y delegar poder al senado. El hijo de Aurelio, Cómodo, descubre que su padre planea esquivarlo en la sucesión. En un ataque de ira, asesina a su padre y se declara a sí mismo emperador. Máximo se convierte en su adversario. Para deshacerse de él, Cómodo ordena la ejecución de Máximo y crucifica a la familia del general. Sin embargo, Máximo sobrevive, pero se convierte en un fugitivo.

Como refugiado, unos mercaderes de esclavos capturan a Máximo y lo venden para convertirse en un gladiador. A diferencia de cualquier otro luchador, se hace amigo de los que algún día podrían luchar con él en la arena. Mientras tanto, en Roma, Cómodo patrocina los juegos de gladiadores, irónicamente para conmemorar la muerte de su padre y celebrar su ascensión al trono. En uno de los días de los juegos, un grupo de gladiadores se dirigen al centro de la arena mientras soldados en carros entran y los rodean para recrear una gran batalla. Pero en un giro inesperado de las expectativas, Máximo ordena a los que quieran seguirle que se formen y se defiendan de los carros. Máximo se convierte en el predilecto de la multitud... y en quien más odia Cómodo.

Para deshacerse de su rival, Cómodo orquesta una lucha unilateral. Pone a Máximo contra el imbatible Tigris al Gaul en una arena llena de tigres cuyas cadenas ponen sus fauces y zarpas al alcance de cualquier paso mal dado. Durante la pelea, Máximo queda muy herido, pero sigue luchando. Tras un duelo terrible, Máximo derrota a Tigris. Se dirige hacia la multitud y al emperador para recibir su decisión de matar o salvar la vida a su adversario. Es, como siempre, decisión del emperador. Este pone su pulgar hacia abajo, pero Máximo le perdona la vida a Tigris. La multitud vitorea y lo proclama como Máximo el Misericordioso.

Cómodo está muy enojado. Decide matar a Máximo él mismo. El emperador le seduce a un combate personal, pero antes de su batalla pública, perfora deslealmente el pulmón del gladiador. Máximo está debilitado, pero pelea igualmente y mata al emperador, con la propia espada del emperador. Máximo el

Misericordioso tuvo que seguir luchando incluso cuando estaba herido.

> La verdad es que todo el mundo te va a lastimar; solo tienes que encontrar a aquellos por los que vale la pena sufrir.
> —Bob Marley

Máximo es como muchos líderes que conozco: noble, incomprendido aun cuando tiene las mejores intenciones, atacado por quienes deberían aplaudirle; incluso muy lastimado, escoge la misericordia en lugar de la venganza una y otra vez, y se mantiene en la pelea hasta el final. La mayoría de los líderes que conozco son regularmente apuñalados por debajo de sus armaduras. Reciben cortes, sangran y son lastimados, pero no abandonan.

Cuando dirigimos organizaciones (empresas, organizaciones sin fines de lucro e iglesias), el tamaño no importa tanto como otro factor crucial. La mayor diferencia entre los líderes de grandes organizaciones y pequeñas organizaciones no es su ubicación, el tamaño de su edificio, el rango de su visión, el número de miembros de su equipo, o su talento. De hecho, algunos de los mejores líderes que he conocido tienen organizaciones pequeñas. Pero en todas mis consultorías y conferencias he visto un único factor: los líderes de organizaciones más grandes han demostrado que pueden soportar más dolor.

> No se trata de ir por ahí intentando provocar problemas. Mientras sea sincero y exprese lo que cree que es cierto, alguna persona se convertirá en su enemigo, le guste o no.
> —Criss Jami

Recuerda, crecimiento es igual a cambio; cambio es igual a pérdida; pérdida es igual a dolor; así que inevitablemente, crecimiento es igual a dolor. Por eso el liderazgo es a la vez brutal y hermoso. Es decir, si estás liderando, estás sangrando.

Veamos algunos aspectos que pueden causar mucho dolor, pero que una vez enfrentados, consolidan tanto al liderazgo como a las organizaciones.

PRESIONES ECONÓMICAS

No mucho después de aceptar una posición como pastor de una iglesia rural en Michigan, Brenda dio a luz a Rachel, nuestra primogénita. Enseguida descubrimos que Rachel tenía una alergia muy fuerte a la leche, así que teníamos que comprar un sustituto de soja, un sustituto muy caro. Mi salario en la iglesia en 1980 era de 125 dólares por semana (¡así que no te quejes de lo poco que ganas!). Ya estábamos viviendo al límite antes de que naciera Rachel. Ahora, los gastos añadidos de un nuevo bebé y la fórmula de soja nos lanzaron por el precipicio. Necesitábamos ayuda. Decidimos ir a los servicios sociales para solicitar cupones de comida.

Vivíamos en una ciudad pequeña. Las distancias no eran grandes, y todos sabían de los negocios de los demás. La oficina de servicios sociales estaba a unos cien metros de la iglesia. Llenamos la solicitud y enseguida nos llamaron para tener una reunión con una asistente social. Cuando ella entró me reconoció, sonrió, y dijo: "¿Cómo está hoy, pastor?".

De repente se avergonzó, y ambos nos avergonzamos. Miró las solicitudes que habíamos llenado, y me hizo algunas preguntas más. Finalmente, puso los papeles en la mesa y nos dijo: "Pastor, usted gana un poco más de la cuenta como para poder recibir los cupones de comida. Lo siento".

Le pregunté: "¿Cuánto más?".

Ella se avergonzó, y dijo: "Veintidós dólares al mes".

En esos días, yo no tenía un sabio mentor a quien llamar. Podía haberle pedido a la iglesia que redujera mi sueldo en veintidós dólares al mes, y podríamos haber recibido la fórmula de soja, el pan, queso y otros artículos para comer.

No sé cómo se difundió la noticia, pero el pequeño aprieto económico de nuestra familia enseguida recibió la compañía de la humillación pública cuando la gente susurraba que el nuevo pastor había solicitado los cupones de comida. Brenda y yo teníamos que comprar la fórmula de soja con nuestro escaso sueldo, lo cual significaba que teníamos que decidir *si* comeríamos todos los días, y no *qué* comeríamos. Una necesidad privada y urgente nos convirtió en un espectáculo público. Estas cosas fueron un uno-dos de boxeo directo al estómago.

Pero fue un dolor que asentó mi liderazgo.

Déjame mostrarte algunos aspectos desafiantes en la vida los pastores, que conozco bien de cerca, y observa los desafíos que enfrentan y que bien se pueden extrapolar a cualquier tipo de organización,

HEREDAR UNA CULTURA TÓXICA

Jeremy había sido pastor de jóvenes durante solo unos meses cuando el pastor fue despedido por un fracaso moral. Durante un par de años antes de que se descubrieran los motivos de ese fracaso moral del pastor, había aumentado la tensión al interior de la organización y estalló un volcán de ira acumulada. Tras el despido, el residuo de resentimiento y traición no se desvaneció. El equipo ejecutivo pidió a Jeremy que fuera el nuevo pastor, pero ahora tenían una profunda sospecha de cualquiera que ascendiera a ese puesto, incluido Jeremy. Quizás lo habían escogido porque era joven e idealista, o tal vez porque pensaron que podrían controlarlo. Sea cual fuera la razón, Jeremy no se dio cuenta de que se había metido en un caldero hirviendo de ira.

Si es o no sabio ocupar una posición como la que aceptó Jeremy cuando despidieron a su pastor, es una pregunta complicada. En el proceso de toma de decisiones, tenemos que ser despiadadamente realistas con los desafíos de entrar en una posición cuando el líder anterior se va por la puerta trasera.

Pero la situación contraria podría ser igualmente problemática. He conocido iglesias que eran tan leales al pastor anterior que no pudieron aceptar que nadie ocupara su lugar. Los entrenadores de futbol que se contratan para sustituir a leyendas en los mejores programas, raras veces tienen éxito. Las expectativas son sencillamente demasiado altas. Hacen su mejor esfuerzo, pero la cultura es inalcanzable.

DIFICULTADES EN CASA

La familia es un aspecto muy importante. Los pastores estresados no pueden dejar sus problemas en la oficina. Se los llevan a casa. Quizás intentan defender a su esposa e hijos de los problemas que enfrentan en la iglesia, pero no pueden. El dolor, ira y tristeza se filtran también a las vidas de ellos. En una investigación, más de la mitad de los pastores entrevistados (58 %) reportaron que su cónyuge tenía que trabajar fuera de casa para suplementar el sueldo que recibían de la iglesia. De forma similar, más de la mitad de las esposas de los pastores (56 %) dicen que no tienen amigas cercanas. Y como el resto de la población, la mitad de todos los matrimonios de pastores terminan en divorcio, pero el doloroso número no habla de los muchos otros que deciden quedarse casados pero sufren bajo el esfuerzo constante y las crisis ocasionales de las dificultades económicas, los malentendidos, prioridades en conflicto y personas reticentes.

ESTAR LIMITADOS POR LOS MIEMBROS DEL EQUIPO

Durante años he usado la metáfora de una escalera para ayudar a los líderes a entender la influencia que tienen los miembros del equipo. En mi libro ¿Quién sostiene tu escalera? explico que la visión del líder es su escalera. A medida que intenta subir por ella, no necesita ayuda alguna para subir unos cuantos peldaños por una escalera de unos siete metros de longitud. Es estable y segura si solo está a unos metros del suelo. Pero si quiere subir más alto, necesita que alguien sostenga la parte inferior para que no se escurran los anclajes. Si el ayudante no está prestando atención, la escalera se podría mover y el líder podría caerse y lastimarse. Así que incluso para subir una corta distancia por la escalera, el líder necesita a alguien que esté atento y sea fuerte.

Si quiere subir hasta el final de su escalera, el líder necesitará dos o tres personas que sean tan fuertes y atentas como la primera persona que sostiene su escalera. ¿Qué tal si su visión llega a los quince metros? ¿O a los treinta metros? Las personas que sostienen su escalera determinan la altura que puede alcanzar. No importa cuán elevada sea la visión; lo que importa es la calidad de quienes sostienen su escalera.

Muchos líderes tienen visiones maravillosas, pero no han seleccionado a las personas adecuadas para sostener su escalera. Quizás han encontrado a alguien que podría sostenerla si subieran hasta los siete metros, pero no más arriba. Si no están dispuestos a hacer cambios en la gente que sostiene la escalera, nunca llegarán más arriba. Nunca. Los líderes pueden hacer una de tres cosas con quienes sostienen sus escaleras: *retenerlos* porque son eficaces, *dejarlos ir* porque no lo son, o *reasignarlos y volver a entrenarlos* para sostener la escalera de otro.

REGLAS IRRAZONABLES

A veces nuestra cultura va marcha atrás, está atrofiada y es represiva. El prejuicio produce un dolor tremendo. A principios de la década de 1970, cuando yo era conserje en el Instituto Bíblico Beulah Heights, una de mis tareas era recoger la basura en todas las oficinas. Durante mi primera semana, cuando fui a la oficina del decano, vi a una joven encantadora que era su ayudante ejecutiva. Oh, era hermosa. Me presenté, y ella respondió con dulzura: "Me llamo Brenda". Como cualquier otro joven cegado por el amor, comencé a pensar en cómo podía conocerla y salir con ella. Pero había un problema: Brenda era caucásica y yo era indio. Brenda y yo nos conocimos unos diez años después de que el presidente Lyndon B. Johnson firmara la Ley de Derechos Civiles, pero parecía que algunas personas en Georgia nunca habían oído acerca de la igualdad racial.

Yo no tenía dinero suficiente para salir con Brenda, pero el mero hecho de que obviamente me gustaba envió ondas de tensión por todo el campus. Como respuesta, el consejo directivo de la universidad se reunió en una sesión urgente y crearon un artículo que prohibía a la gente tener citas con personas de otra etnia. Pero enseguida se dieron cuenta de que eso no era suficientemente claro. Tenían que definir el término tener citas. Así que lo definieron como tener conversaciones de más de cinco minutos, sentarse en la misma mesa en la cafetería, montar en el mismo automóvil, sentarse juntos en clase o sentarse en el mismo banco en la iglesia. De hecho, los miembros del consejo intentaron establecer una zona de exclusión expresamente diseñada para mantenerme alejado de Brenda.

Brenda y yo respetábamos el liderazgo de la universidad, pero también queríamos vernos. En tres ocasiones, el decano, actuando en nombre del consejo de la universidad, nos llamó a su oficina y nos amenazó con expulsarnos si seguíamos hablando el uno con el otro. La expulsión sería algo incómodo para Brenda, pero catastrófica para mí. Ella podía asistir a cualquier otra universidad del país. El cambio requeriría algo de distanciamiento e interrupción, pero su vida no se descompondría durante mucho tiempo. Por el contrario, si me expulsaban a mí, perdería mi visa de estudiante y sería deportado. Bajo los términos de inmigración de ese entonces, nunca me permitirían volver a entrar a los Estados Unidos de nuevo durante el resto de mi vida.

Otro decano del campus era el consejero designado para los estudiantes, y de vez en cuando llamaba a Brenda para ir a verle. Le decía que si seguía viéndome, iría al infierno (no estoy ni bromeando ni exagerando). Brenda tenía un gran respeto por la autoridad, así que salía de aquellas reuniones aplastada por la culpa y la confusión. Después de cada reunión, me decía que tenía que cortar conmigo porque no quería ir al infierno. Tras un tiempo, se dio cuenta de que el decano estaba usando esas amenazas para manipularla, y volvimos a estar juntos. Eso sucedió varias veces.

Brenda y yo tenemos cajas de notas que nos escribimos durante nuestro tiempo en el Instituto Bíblico Beulah Heights. Cuando no podíamos vernos, nos escribíamos o llamábamos. Los teléfonos en nuestros dos dormitorios estaban solo a unos veinte metros de distancia, pero usarlos era más seguro que reunirnos en persona. Nuestra danza de amor y secreto duró tres años. Ambos asumimos riesgos, pero valieron la pena.

Un año, en el Día de la Secretaria, estaba seguro de que nadie apreciaría a Brenda ni le daría las gracias por su fidelidad y excelente servicio, así que usé el poco dinero que había ahorrado para comprarle un ramo de flores e hice que se las enviaran a su oficina. Alguien observó las bonitas flores y le preguntó: "¿Quién te las regaló? ¡Son preciosas!".

Sin pensarlo dos veces, respondió: "¡Me las regaló Sam!". Cuando se difundió la noticia, el decano nos llamó a ambos.

Yo me crie en una cultura que respeta profundamente a quienes están en autoridad. India es una tierra de gracia que da el mayor honor a los padres, maestros y otros líderes. En cada conversación amenazante con el decano, yo nunca le repliqué ni perdí los nervios. Me sentaba tranquilamente y escuchaba, y cuando terminaba, decía: "Gracias, señor". Incluso siendo un joven en la universidad, entendía que el temor y el racismo evidentes en el consejo no era algo que aparecía de la nada. Hasta cierto punto, estos hombres eran el producto de su cultura. Habían vivido durante décadas bajo las leyes de Jim Crow, que permitieron la discriminación racial en el sur durante casi un siglo después de la Guerra Civil; yo no. Ellos habían visto recientemente marchas y brutalidad policial; yo no. Ellos habían visto cómo Martin Luther King Jr. y Robert F. Kennedy habían sido asesinados; yo había llegado a una América que estaba sufriendo un dolor y un temor enormes.

Durante aquellos horrorosos años de estudiante, creía que el liderazgo y el consejo directivo de la escuela eran ignorantes, no discriminatorios. De algún modo sentía que la reacción del consejo y el decano no era el verdadero contenido de su corazón. No creo que el decano creyera que lo que estaba haciendo era bueno, correcto y justo. Le dieron la tarea de reforzar la política del consejo, y él intentaba hacerlo lo mejor que podía. No creo que el consejo actuara por resentimiento, sino por miedo. No sabían hacerlo mejor. El consejo estaba lleno de personas de zonas rurales y ciudades pequeñas donde la igualdad racial se veía como una grave amenaza para su forma de vida. Estaban sufriendo las presiones de una cultura represiva y racista, y simplemente no sabían cómo conciliar su fe en un Dios bueno con el creciente racismo que había en su nación.

Regresé a la India en 1977, pero no podía dejar de pensar en Brenda. Por fortuna, pensamientos agradables acerca de mí llenaron su mente y su corazón. Regresé dos años después y le pedí que se casara conmigo. Ella dijo "¡sí!". Queríamos casarnos en la iglesia que había junto al campus donde ambos habíamos estado muy involucrados. Brenda había dirigido el ministerio de la residencia de ancianos, entre muchas otras formas en las que había servido en la iglesia. Antes de regresar a la India, yo había sido el líder de alabanza y coordinador del coro, además de predicar esporádicamente cuando el pastor estaba fuera.

Brenda y yo concertamos una cita para ver al pastor. Cuando le pedimos que nos casara, él dijo claramente: "No". Yo pregunté por qué, y me explicó: "Porque no creo que este matrimonio vaya a funcionar. Ella es blanca, y tú eres indio" (como si no nos hubiéramos dado cuenta). Le pregunté si podíamos rentar la iglesia para nuestra boda. Él accedió a mi sugerencia, y encontramos otro pastor para oficiar la ceremonia.

En ese entorno emocionalmente cargado, inconscientemente pusimos en un dilema a todos aquellos a quienes invitamos a nuestra boda. ¿Vendrían o no? ¿Serían fieles a sus líderes manteniéndose al margen, o tendrían la libertad de conciencia de acudir y celebrarlo con nosotros? Nuestros amigos tomaron un sinfín de decisiones distintas: algunos acudieron a la boda, pero no al banquete; algunos acudieron al banquete, pero no a la boda; otros acudieron a ambas cosas, y algunos no asistieron a nada. Nuestra boda intensificó las divisiones y sospechas en la comunidad de Beulah Heights. Para Brenda y para mí, un dolor muy agudo opacó nuestro momento más feliz.

Teníamos que irnos de allí. Un amigo mío de Oregón me había invitado a ser su pastor de jóvenes. Me dijo: "No puedo pagarte nada, pero puedo darte un lugar para vivir". Tres días después Brenda y yo nos casamos, abarrotamos nuestro automóvil y cruzamos el país para hacer un nuevo inicio.

Serví como pastor de jóvenes durante un año, y después me convertí en pastor en Michigan durante nueve años. Durante ese tiempo, nuestra iglesia comenzó a apoyar al Instituto Bíblico Beulah Heights, y enviamos allí estudiantes. Estábamos felices de ayudarlos a crecer en su fe y aprender las habilidades que necesitarían para toda una vida de éxito. El profesorado me pidió que volviera para hablar en talleres y simposios en la escuela. Tras muchos viajes de regreso a Atlanta y mucho tiempo trabajando con la facultad, el consejo directivo me invitó a ser miembro del consejo. De repente, estaba sentado en la misma mesa con los que habían aprobado una cláusula para impedir que pasara tiempo con Brenda.

Para construir puentes, invité a varios miembros del consejo a ir a Michigan para hablar en nuestra iglesia. Algunos de ellos se quedaron en nuestra casa. A su propia forma, todos se disculparon por cómo nos habían tratado. Las viejas heridas fueron sanadas. Un nuevo entendimiento se había desarrollado. Cuando el presidente aceptó un puesto en otra universidad, el consejo me pidió que me convirtiera en el presidente del Instituto Bíblico Beulah Heights.

Diez años después de que Brenda y yo nos fuéramos de Beulah Heights con profundos sentimientos de dolor y confusión, regresamos, pero esta vez yo era el presidente del instituto. Sorprendentemente, se había producido una transformación radical de sanidad. Los miembros del consejo ahora me daban la bienvenida como el nuevo líder de la institución.

Los capítulos más oscuros de mi historia se produjeron en Beulah Heights, pero las cosas dieron un giro asombroso, y las mismas personas y la misma institución que me ocasionaron problemas, le aportaron nueva esperanza, creatividad y fruto en mi vida. Pero, en primer lugar, teníamos que arreglar algunas cosas.

Poco después de ocupar mi nueva función, fui a la oficina del decano y le dije: "Hace años me senté en esta silla en esta oficina enfrente de usted, y usted me amenazó con expulsarme. Yo era el conserje. Ahora soy su presidente. No tengo nada en contra de usted. La pregunta es si usted tiene algo contra mí".

Él me aseguró que el pasado, sin duda, era pasado, y que avanzaríamos juntos hacia el futuro. En mis quince años como presidente de Beulah Heights, el decano se convirtió en uno de mis compañeros de más confianza y valor.

Cuando llegué como presidente de Beulah Heights en 1989, teníamos ochenta y siete estudiantes; cuando me fui quince años después, teníamos casi ochocientos. En el año 2006 logramos que Beulah Heights se convirtiera en universidad. Cuando llegué, no estábamos acreditados; cuando me fui, teníamos una doble acreditación. Nadie animaba más alto ni fue más útil que el decano. Su constante estribillo era: "Sam, ¡lo mejor está por llegar!".

Ser un líder es un papel increíblemente estresante. Las horas por lo general son largas, el sueldo a menudo es corto, y la gente a veces es polémica. Incluso con estas dificultades, muchos líderes encuentran una enorme realización en sus funciones. Ven vidas cambiadas, y tienen el gozo de saber que son herramientas para cambiar la vida de las personas.

Y RECUERDA:

SOLO CRECERÁS HASTA EL UMBRAL DE TU DOLOR.

3

DEMASIADO CON DEMASIADA FRECUENCIA

Nunca confíes en un líder que no camina cojeando.
—Dr. J. Robert Clinton

Contrariamente a lo que muchas personas piensan, el estrés no es el problema. El culpable es *demasiado estrés sin liberar.* Un poco de estrés saca lo mejor de nosotros. Nuestra adrenalina fluye, y nos volvemos más creativos, más enérgicos y más decididos a llegar más alto que antes. Pero muchos líderes viven sin válvulas de seguridad. Son como ollas a presión sin una válvula de bloqueo. Cada conversación difícil, cada decisión dura, cada fracaso, cada pregunta desafiante, y cada duda de sí mismo suma a todo lo anterior que ya ha llenado la olla. Con cada nuevo esfuerzo, la suma parece imperceptible, así que la persona no hace nada al respecto. A medida que aumenta el estrés hasta el punto de causar una explosión o una implosión, parece algo completa y absolutamente normal.

Puedes estar seguro de esto: si eres un líder de una organización sin fines de lucro, una iglesia o una empresa, los problemas te encontrarán, y llegan en muchos envoltorios distintos: un cónyuge decepcionado, una demora inadmisible en un proyecto importante, un miembro del equipo poco comunicativo, un accidente, una muerte prematura, una crisis económica, o cientos de razones más.

> Nadie puede entendernos del todo. Lo que más duele es que pocos nos entienden realmente, porque ese entendimiento les llamaría a unirse al mundo, y al dolor, del líder.
> —Dan Allender, *Healing Path*

Las *fuentes* del estrés varían ampliamente, y los *síntomas* del estrés multiplicado y sin aliviar vienen en todo tipo de formas y tamaños. La gente intenta lidiar con el dolor intenso de diferentes formas: algunos se vuelven más impulsados y frenéticamente activos en un intento por controlar personas y situaciones, otros se retiran emocional y físicamente para evitar el conflicto, y otros mezclan las dos: se paralizan por fuera pero están terriblemente ansiosos por debajo de la superficie. Los síntomas de estrés incluyen:

- Síntomas emocionales: sentirse agobiado, desesperado, aislado, irritable o de mal humor.
- Síntomas de conducta: comer demasiado o demasiado poco, dormir demasiado o demasiado poco, consumir medicamentos o alcohol para relajarse, desatender las responsabilidades normales, conductas compulsivas, poca

resistencia a la tentación, y no disfrutar de las cosas que solían darnos placer.

- Síntomas cognitivos: ansiedad, pensamientos difusos o acelerados, incapacidad para concentrarse, y falta de juicio.
- Síntomas físicos: problemas de estómago, dolores de cabeza por la tensión, dolores y achaques extraños o la pérdida de interés en el sexo.

El liderazgo conlleva visión, empuje y ambición medida por avanzar en donde estemos o expandir una empresa, pero sin salvaguardas; los líderes visionarios pueden sufrir cansancio, soledad y agotamiento. El estrés, no obstante, no está reservado para los tipos agresivos. Otros líderes y ejecutivos son sensibles, compasivos y siempre disponibles, lo cual puede llevar a relaciones dependientes y de necesidad, confusión y agotamiento emocional. Y redoblar sus esfuerzos por ayudar a la gente casi siempre empeora el problema.

Si un líder estresado tiene el valor de admitir su lucha, amigos bienintencionados —pero desinformados—, quizás dirán: "Oh, no dejes que eso te moleste. Suéltalo, hermano. Solo suéltalo".

El médico Richard Swenson trató este problema en *Margin: Restoring Emotional, Physical, Financial, and Time Reserves to Overloaded Lives* [Margen: restaurar las reservas emocionales, físicas, financieras y de tiempo en vidas sobrecargadas].[1] En una conferencia para líderes, sostuvo una pequeña rama en alto, la dobló un poco, y la soltó. De inmediato volvió a su forma original. Explicó que un poco de estrés que se resuelve rápido no tiene ningún efecto duradero. Después dobló más fuerte la rama y durante un minuto. Cuando soltó un extremo de la rama, se recuperó solo en parte, pero se quedó bastante doblada. Explicó que el estrés importante, sin aliviar, produce efectos prolongados. Después dobló despacio la rama hasta que se oyó un sonido de chasquido, y después se partió. Explicó que cuando la gente experimenta un estrés severo, prolongado y sin aliviar, es decir, agotamiento, el resultado es un daño duradero y devastador. En algunos aspectos, la persona nunca se recupera del todo.

Algunos en la audiencia querían hacer retroceder la predicción pesimista del médico, pero los que tenían amigos que habían sufrido la devastación del agotamiento asentían.

En la vasta mayoría de los casos, el agotamiento es el resultado de una larga serie de decepciones, reveses y sufrimiento. Cualquiera de ellos, por sí solo no puede causar un daño irreparable, pero el efecto acumulativo de la tensión sin aliviar, las pérdidas que se quedan sin llorar y el conflicto sin resolver, finalmente pasa una factura muy elevada.

El dolor personal no solucionado crea un sentimiento de desesperación. Las personas quieren alivio, ¡y lo quieren *ahora*! Buscan cualquier forma de bloquear el dolor, aunque solo sea por unos minutos. Es fácil perderse en programas de televisión sin sentido, deportes, juegos de video y otras muchas diversiones. Algunas de estas cosas son más que distracciones; son fuentes de destrucción. Quizás la más devastadora sea la pornografía y el sexo ilícito.

Esto puede sorprender, pero las estadísticas sobre los cristianos y la pornografía son alarmantes. Entre los creyentes, el 50 % de los hombres y el 20 % de las mujeres admiten que son adictos a la pornografía. Es peor en el púlpito. En *Men's Secret Wars*

[Las guerras secretas de los hombres], Patrick Means reporta que el 63 % de los pastores encuestados confesaron que luchaban con deseos sexuales compulsivos o adicciones sexuales, incluyendo pornografía, masturbación y un amplio abanico de conductas sexuales.[2] Estas conductas gradualmente (o no tanto) derriban barreras morales, haciendo que la gente sea más vulnerable a la tentación del adulterio, con consecuencias que destrozan individuos, familias e iglesias en la comunidad.

> Es más fácil encontrar hombres que se ofrezcan voluntariamente para morir, que encontrar a los que están dispuestos a soportar el dolor con paciencia. —Julio César

UNA MIRADA DETALLADA

Las causas del estrés son tan variadas y complejas como la naturaleza humana, pero podemos identificar fácilmente algunas fuentes comunes. Raras veces se producen aisladamente o una por una. Tienden a suceder en grupos y con efectos multiplicados.

CONFUSIÓN DE ROLES

Como veremos en el capítulo 5, los líderes muestran una amplia gama de dones, estilos de liderazgo e intereses. Algunos son buenos oradores, pero son muy malos organizadores. Otros destacan en la visita a los hospitales y en consejería, pero no son muy buenos lanzando visión, planificando o delegando. Otros son magníficos visionarios, pero les falta empatía con las personas heridas que les rodean. El problema, por supuesto, es que su gente espera que destaquen en todas estas áreas.

Los líderes de todos los ámbitos se sienten atraídos a las áreas en las que se sienten fuertes y eficaces, pero se sienten culpables, y oyen muchas quejas cuando se desatienden otras áreas. Ciertamente, ningún trabajo encaja perfectamente con nadie, pero cuando una persona actúa con base en sus fortalezas durante mucho tiempo, sus energías y entusiasmo se van agotando poco a poco. Se afirman a sí mismos diciéndose que están sirviendo y sacrificándose, pero a menudo no se dan cuenta de que están operando con el depósito vacío.

FATIGA DE COMPASIÓN

Amar a otros es una enseñanza universal, pero a veces nos hace vulnerables a ser malentendidos, poco apreciados y rechazados. En su libro, *Can You Drink the Cup?* [¿Puedes beber la copa?], Henri Nouwen escribió:

> Cada vez que tomamos la decisión de amar a alguien nos abrimos a un gran sufrimiento, porque los que más amamos nos causan no solo un gran gozo sino también un gran dolor. El dolor más grande viene en la partida. Cuando el hijo se va de casa, cuando el esposo o la esposa se va por un largo periodo de tiempo o para siempre, cuando el amado amigo se va a otro país o muere... el dolor de la partida puede hacernos pedazos. Aun así, si queremos evitar el sufrimiento de la partida, nunca experimentaremos el gozo de amar. Y el amor es más fuerte que el temor, la vida es más fuerte que la muerte, la esperanza es más fuerte que la desesperación. Tenemos

> que confiar en que el riesgo de amar siempre vale la pena asumirlo.[3]

El agotamiento causado por amar, dar, servir y sacrificarse de forma constante, especialmente acompañado del sentimiento de soledad, rencor y dolor, erosiona la capacidad de lidiar con la vida. Algunos lo llaman *fatiga de compasión* y lo comparan con la fatiga del combate. Al comienzo de la Guerra Civil en los EE. UU., y después mucho más en la Primera Guerra Mundial, los médicos se dieron cuenta de que el esfuerzo de la batalla afectaba seriamente la eficacia de los soldados. Muchos tuvieron que ser trasladados a hospitales para recuperarse, aunque no habían sufrido ni un rasguño. La enfermedad recibió el nombre de neurosis de guerra a principios del siglo XX. Durante la Segunda Guerra Mundial, los médicos investigaron la enfermedad y descubrieron que era más predecible después de que un soldado había estado en el frente durante noventa días. Recibió una nueva etiqueta: *reacción de estrés de combate*. Tras noventa días de una exposición constante a la lucha, un soldado "se volvía cada vez menos valioso hasta que era totalmente inútil".[4] Un médico que trataba a soldados que sufrían de estrés de un combate prolongado observó:

> Muchos tienen disentería crónica u otra enfermedad, y casi todos muestran estados de fatiga crónica… parecen apáticos, descuidados, que no prestan atención y con una expresión facial casi de máscara. El tono de voz es bajo, el contenido de las ideas pobre, se quejan de dolores de cabeza crónicos, insomnio, fallo en la memoria, se sienten olvidados, preocupados consigo mismos, temerosos de una nueva tarea, no tienen sentimiento de la

> responsabilidad y se sienten desesperanzados con respecto al futuro.[5]

La fatiga de compasión es una forma suave de neurosis de guerra que está asociada a médicos, enfermeras y personal de emergencia, especialmente quienes trabajan en unidades de trauma. Para pastores y personal de la iglesia, cuidar a personas necesitadas es un procedimiento operativo estándar, es su llamado, su responsabilidad y su privilegio, pero la intensidad inusual de eventos específicos o periodos prolongados de cuidado pueden degradar de manera importante la capacidad de una persona para operar eficazmente.

> La dificultad que tenemos para aceptar la responsabilidad de nuestra conducta reside en el deseo de evitar el dolor de las consecuencias de esa conducta.
>
> —M. Scott Peck, *The Road Not Taken*

DOLOR DEL PASADO SIN RESOLVER

Los líderes no entran en sus papeles (matrimonio, o cualquier otra relación o función) como páginas en blanco. Puede que pensemos que somos fuertes individualistas, pero en gran parte hemos sido moldeados por nuestras experiencias pasadas, especialmente nuestras relaciones con nuestros padres. Si esa relación fue de apoyo, tenemos una plataforma sólida para asumir riesgos y mejorar. No hay garantías, podemos meter la pata gravemente en nuestra vida al margen de cuán maravillosos hayan sido nuestros padres, pero tenemos una ventaja en el amor y confianza en las relaciones, y en hacer que el trabajo sea significativo.

Dos historias de la liga nacional de futbol americano muestran el impacto del pasado. El documental *The book of Manning* (El libro de Manning) describe la influencia tan positiva que Archie Manning tuvo sobre sus hijos, Cooper, Peyton y Eli, pero especialmente sobre Peyton. Archie era una estrella del futbol americano en la Universidad de Mississippi a finales de la década de 1960. Tuvo una gran carrera en la NFL, principalmente con los New Orleans Saints. Durante esos años, sus hijos nacieron y comenzaron a demostrar destreza en el terreno de juego. El padre de Archie se había suicidado cuando Archie era un niño, así que su padre no estaba ahí para compartir sus victorias y derrotas.

A medida que los hijos de Manning crecían, Archie se dedicaba a cambiar el guion familiar. Se convirtió en un padre devoto y atento. El documental se enfoca en el amor, entendimiento, ánimo y apoyo que Archie les dio a sus tres hijos. Buenos programas reclutaron a los tres, pero sus carreras no fueron todo éxitos y premios. Antes de su primer partido en Ole Miss, a Cooper le diagnosticaron un trastorno de la columna congénito. La cirugía no fue un éxito rotundo, y durante un tiempo la familia se preguntaba si podría volver a caminar. Durante los largos días de dolor y angustia, Archie estuvo a su lado.

Peyton se convirtió en un gran defensa en la universidad y en la NFL. Su fuerte relación con su padre le aportó un fundamento firme de amor y confianza con el que pudo mejorar en el campo. Eli demostraba ser una destacada promesa como defensa en Ole Miss, pero un problema con la bebida casi le costó su carrera. De nuevo, el apoyo y dirección de Archie ayudaron a encarrilar a un hijo por el buen camino de su vida y de su carrera deportiva.

Al final del documental, los televidentes reciben el impacto del gran amor, humildad, valor y ternura que comparte la familia. Cooper, Peyton y Eli están de pie sobre los hombros de su papá, un hombre bueno y estupendo.[6]

Un segundo ejemplo muestra el otro lado. Las relaciones dolorosas pueden tener un abanico de efectos destructivos. Algunas personas reaccionan al dolor, temor y enojo metiéndose en un cascarón de autoprotección. Algunos intentan desesperadamente agradar a otros para ganar la aprobación que no han tenido. Y todavía otros se ven impulsados a demostrarse que son dignos del respeto que no se les dio. Brett Favre era un hombre resuelto. Explicaba a *USA Today* que el mensaje de su padre diciéndole que no era suficientemente bueno lo llevó a convertirse en uno de los mejores defensas de la historia de la NFL y lo impulsó a seguir jugando a una edad a la que la mayoría de los defensas ya se han retirado de la liga.

Su papá también había sido su entrenador en el instituto. Demandaba excelencia a Brett, y no aceptaba excusa alguna. Cuando Irv Favre murió a los cincuenta y ocho años por un ataque al corazón, Brett "perdió a su mayor fan, y su crítico más verbal". Su padre era duro con su hijo. Brett recuerda: "Si has crecido en el hogar de un entrenador de futbol americano que parece un sargento instructor, pensarías que sería duro. Siempre que estaba dolido, o pensaba que estaba dolido, su consejo era: 'Levanta el trasero'. La mayoría del tiempo yo hacía mi mejor esfuerzo, como hace cualquier niño que quiere atención. Nunca dijo que nos amaba. Pero lo sabíamos. Y viceversa: Nosotros nunca se lo dijimos a él".

Favre tenía dos formas de lidiar con el dolor de su infancia: estaba decidido a ser el mejor, y consumía alcohol y medicamentos para insensibilizar el dolor. La mayoría de los seguidores lo consideraban un gran rasgo de carácter, pero no entendían la fuente de su insaciable ambición. Y la mayoría excusaban el consumo de medicamentos diciendo que era simplemente resultado de los típicos dolores de un jugador de la NFL. La esposa de Favre, Deanna, conocía otra historia. Después de que él intentó limpiarse varias veces y falló (incluso cuando la liga mandó un tratamiento), ella le dio un ultimátum: o dejar los medicamentos o ella lo dejaría a él.

Durante toda su carrera Favre continuó oyendo la voz en su mente, la voz crítica de su padre que le conducía a ser el mejor. En el año que salió de su retiro para volver a jugar, explicó: "Parte de mi éxito siempre ha sido que sentía que tenía algo que demostrar, incluso después de ganar tres premios como jugador más valioso. Eso no ha cambiado hoy. Si voy a jugar, quiero ser el mejor y tengo este resentimiento. Tienes que jugar con la mentalidad de que estás a punto de perder tu trabajo, y que van a hablar 'del otro jugador' mejor que de ti. Tienes que pensar: 'Quiero que mi nombre lo mencionen primero'".[7]

Hasta cierto grado significativo, todos somos productos de nuestro pasado. Puede que tengamos la bendición de padres maravillosos que construyeron unos cimientos de seguridad, amor, fortaleza y valor, y queremos transmitirlos a nuestros hijos e iglesias. Pero muchos no tuvimos padres como Archie Manning. Quizás no recibimos abusos o abandono, pero hasta cierto punto llegamos a nuestro matrimonio y carrera con déficits que puede que jamás hayamos reconocido. Nuestro deseo natural y normal es agradar a otros para ganar la aprobación, dominar para controlar personas y situaciones, o escondernos detrás de paredes de autoprotección, y probablemente una combinación de estas estrategias para salir adelante. Cada una de ellas promete un alivio a corto plazo, control, poder y aplauso, pero no resuelven el problema subyacente del dolor genuino. Y ese dolor finalmente nos morderá.

> No se puede llegar a la consciencia sin dolor.
>
> —Carl Jung

En el libro *Cómo sobreponerse al lado oscuro del liderazgo*, Gary McIntosh y Samuel Rima sostienen que el dolor que causa el perfeccionismo, la sed de aprobación y el insaciable deseo de tener éxito, de hecho impulsan a un líder a sobresalir. Así, el dolor puede catapultar a un líder hacia el éxito.[8]

LA SEDUCCIÓN DE LA NADA

La gente tiene distintos puntos de quiebre, pero la mayoría de las personas bajo una presión incesante finalmente concluyen que es mejor no sentir nada que seguir soportando el dolor. No estoy hablando del suicidio; estoy hablando de la insensibilidad emocional. Es más fácil mantenerse ocupado, ver televisión y leer todas las palabras de la sección deportiva, incluso aunque no nos divierta el fútbol, el críquet o el *curling*. Las distracciones consumen nuestro tiempo y nuestros corazones. Nos roban el gozo, significado, impulso y amor. Evitar temporalmente puede ser mejor que el dolor que estamos sufriendo, pero pagamos un alto precio por las diversiones.

Cuando los líderes se insensibilizan y se quedan sin sentimientos, intentan seguir haciendo las cosas de forma mecánica, pero sus corazones ya están lejos, muy lejos. Quizás no sienten el aplastante dolor del estrés tanto como antes, pero tampoco sienten el amor, gozo y celebración de las bendiciones. Es fácil escaparse de asumir la responsabilidad para asignar la culpa cuando las cosas no van bien. Los líderes insensibilizados se vuelven amargos, gruñones, impacientes y egocéntricos.

Un líder que entrena a cientos de otros líderes cada año le dijo a una audiencia que el dolor que experimentamos en los primeros cuarenta años de nuestra vida nos da la sabiduría y experiencia necesarias en un camino más profundo para el resto de nuestra vida. De algún modo, esa afirmación aporta una riqueza de esperanza a medida que sufrimos dificultades, decepciones y fracasos.

Y RECUERDA:

SOLO CRECERÁS HASTA EL UMBRAL DE TU DOLOR.

4

DOLORES DEL CRECIMIENTO

El cambio es duro porque las personas sobrevaloran el valor de lo que tienen, y subestiman el valor de lo que podrían ganar al entregar lo que tienen.
—James Belasco y Ralph Stayer

Cuando Patrick se convirtió en el pastor principal de una iglesia en Chicago, tenía muchas ideas, visiones y sueños. De hecho, una de las razones por las que el comité de búsqueda estaba tan impresionado con él, era porque sus planes para la iglesia eran tanto visionarios como prácticos. Él sabía dónde quería llevarlos, y tenía planes concretos para desarrollar líderes y todo tipo de programas diversos.

Durante los siguientes seis meses, todas las piezas encajaron en su lugar. Su pequeño equipo de liderazgo y los miembros laicos del equipo de liderazgo de la iglesia estaban más que receptivos con Patrick, ¡estaban emocionados! La iglesia creció de 250 a unos 350. Las cosas tenían buen aspecto. Patrick comenzó a planificar una iglesia de 500. Mientras pensaba y oraba, se dio cuenta de que algunos del equipo y voluntarios clave que podían manejar una iglesia de 250 personas estaban presionados bajo la carga de dirigir una iglesia de 350. Y se dio cuenta de que no tenían capacidad para 500.

Durante los tres meses siguientes, Patrick comenzó a implementar un plan gradual para reemplazar o volver a entrenar y reasignar a muchas de las personas que se habían emocionado con su llegada. Anticipó algún retroceso de unas cuantas personas, pero no había anticipado la tormenta de resentimiento y acusaciones que parecía venir de todos lados. En pocas semanas, había pasado de ser un líder respetado y amigo, a ser un tirano arrogante y desagradecido.

De hecho, Patrick aprendió enseguida que la resistencia estaba dirigida solo por unos cuantos: un miembro del equipo y dos personas que dirigían departamentos como voluntarios. Estaban enojados y hablaban con todo aquel que les prestara un oído. Patrick se sentía atacado por la espalda. Había intentado encontrar un lugar para todos, pero tenía que tomar algunas decisiones difíciles sobre el liderazgo si quería que la iglesia creciera. Al principio, Patrick intentó reunirse con cada una de las personas enojadas, pero en lugar de resolución, su intento de explicar su visión y sus nuevos papeles era como echar gasolina en un fuego.

Patrick llegó a la conclusión de que el sufrimiento, tanto el de ellos como el suyo, simplemente no valía la pena. Dio un paso atrás. Se disculpó por empujar demasiado rápido demasiado pronto y les pidió que se quedaran en sus actuales posiciones.

En los siguientes cinco años, la iglesia fluctuó entre 250 y 350 personas. Durante todo ese tiempo hubo un trasfondo de desconfianza entre Patrick y quienes lo habían desafiado. Sus actitudes no eran evidentes todo el tiempo, o para muchas personas, pero Patrick lo sabía. Se fue de la iglesia porque se dio cuenta de que había perdido su autoridad para liderar. Cuando miró por el espejo retrovisor, concluyó que sabía lo que había que hacer, pero tuvo demasiado miedo. No estaba dispuesto a manejar el dolor del cambio.

> Los líderes tienen que ser la matrona del dolor en el nacimiento de cosas nuevas. Tienen que sostener la mano y ayudar al cuerpo a lidiar con el dolor de forma productiva.
>
> —Bill Easum

PLANIFICAR EL DOLOR

Algunos líderes tienen una visión para el crecimiento, pero pocas pautas sobre cómo llegar hasta ahí. Mientras sueñan y planifican para tener todos los recursos en orden, estarán creando un efecto dominó de cambio en su organización. Si no están listos para ello, y si no están dispuestos a pagar el precio, se quedarán estancados en su actual estatus personal y organizacional. El crecimiento siempre conlleva dolor. En el crecimiento organizacional, los líderes realmente provocan dolor, pero con un buen motivo. Es la única forma de crecer.

En cada barrera para el crecimiento, los líderes tienen que profundizar sus ideas y afilar sus habilidades. Cuando dejan de crecer, su organización dejará de crecer. Las áreas que a menudo (sino siempre) necesitan atención son las personas, estructuras, desarrollo de liderazgo, espacio y el crecimiento personal.

> A menos que estés preparado para renunciar a algo valioso, nunca serás capaz de cambiar de verdad, porque siempre estarás controlando las cosas que no puedes dejar. —Andy Law, *Creative Company*

PERSONAS

Empezaremos primero por el área más difícil. Quizás hayas contratado a tu mejor amigo, a tu esposa o a tu tía. O puede que te hayas hecho amigo de cualquiera que haya estado en uno de esos puestos en que necesitas personal, pero ahora te da cuenta de que su capacidad es limitada. Tú intentas pacientemente ampliar las habilidades y la visión de la persona de tu equipo, y quizás ves un poco de progreso, o tal vez piensas que ves más progreso del que realmente hay. Lentamente, refunfuñando, concluyes que hay personas clave en tu equipo que no pueden llevarte ni a ti ni a tu organización al siguiente nivel. Los que están sosteniendo tu escalera no son las personas indicadas.

Nadie tiene todos los dones, así que no estás buscando a superhéroes. Quizás escoges a alguien que es un líder visionario. Asegúrate de que la persona tenga un equipo lleno de quienes hacen equipo y administradores. Quizás escoges a alguien que es muy bueno para formar un buen equipo. Asegúrate de mantener la visión fresca para que entiendan que sus relaciones están marcando la diferencia en una escala mayor. ¿Ya captas la idea? Si todos en tu equipo principal de liderazgo tienen los mismos dones, se estancarán. Valora la diversidad y da la bienvenida a perspectivas distintas, pero asegúrate de reclutar, contratar y entrenar personas por lo menos para un nivel más alto del que tiene tu iglesia actualmente.

Con algunas excepciones, casi todos los cambios de personal son una experiencia traumática para el líder, el miembro del equipo y el resto de la plantilla. Aunque contrates bien, experimentarás agitación porque otras organizaciones verán la calidad de tus líderes emergentes y los contratarán. Eso es un halago, no una amenaza.

ESTRUCTURAS

En organizaciones pequeñas puedes tener reuniones de equipo en el asiento delantero de un Fiat. A medida que la organización crece y se van añadiendo miembros al equipo, tienes que ser más intencional con respecto a todas las formas de comunicación, delegación, autoridad y reporte. Desarrollar estructuras que encajen con una organización más grande requiere una mezcla de arte y ciencia. Se tienen que trazar líneas claras de responsabilidad, y los miembros del equipo tienen que coordinar sus esfuerzos con otros para evitar un efecto silo, el cual se produce en una organización cuando los departamentos no comparten información, a menudo teniendo como resultado la sospecha y la ineficacia. A medida que la organización crece, la comunicación con el equipo de liderazgo y los voluntarios clave tiene que mejorar continuamente.

He hablado con muchos líderes que estaban perplejos de que sus personas clave no lo entendieran: ellos compartían su visión y estrategia, pero los miembros de su equipo no actuaban en consecuencia. Pero el problema puede que no esté solo en un lado. A veces los miembros clave de su plantilla y voluntarios estaban frustrados porque no tenían la información suficiente de su líder. En cada nivel de crecimiento mayor se necesitan estructuras de comunicación nuevas y más eficaces.

DESARROLLO DE LIDERAZGO

Un líder entendió la idea. Preguntó: "¿*Cuántos* líderes y *qué tipo* de líderes necesitará nuestra organización para pasar de trescientos a quinientos en los próximos dos años?".

El tamaño de tu equipo de liderazgo es como una capa de arena sobre una mesa. La calidad de líderes determina cuánta arena se queda en la mesa y cuánta se cae de ella. No importa si tienes muchos líderes, si no saben cómo liderar.

He dado consultoría a varios líderes que estaban frustrados por la ineficacia de sus estrategias de desarrollo de liderazgo. En muchos casos, eran líderes emprendedores que supusieron erróneamente que otras personas eran como ellos: lo único que necesitaban era un poco de dirección para averiguar algo por su propia cuenta. Eso raras veces ocurre en realidad. Sí, nos encanta cuando alguien entusiasta, creativo y ambicioso asume una tarea y desarrolla un ministerio eficaz con poca aportación de nuestra parte, pero la mayoría de las personas necesitan más ayuda. Mucha más.

> Conformarse no es divertido. Es un hábito maligno, una cuesta resbaladiza que te lleva a la mediocridad. El arte del liderazgo es entender en qué cosas no se puede transigir. —Seth Goddin, *Tribes*

Las conferencias de liderazgo y la delegación son cosas importantes, pero muchas personas necesitan el toque personal de ánimo y afirmación si quieren mejorar en su función, especialmente una función de voluntariado. En nuestra cultura, sin embargo, esto es difícil porque se producen muchas conexiones entre personas en las redes sociales. Creo que se ha perdido algo crucial si ese es el medio principal de comunicación para un equipo, pero muchas personas están tan ocupadas que no tienen tiempo, y quizás ellos piensen que es raro cuando les pedimos que se reúnan con nosotros para tomar un café.

El dolor asociado con el desarrollo de liderazgo es el esfuerzo de obligarte a aprender nuevas estrategias y cambiar la comodidad del presente por la eficacia del mañana. Es mucho más fácil vivir con el *statu quo* conocido, que estirarse para adquirir nuevas habilidades, especialmente si las nuevas estrategias hacen que otros también se sientan incómodos.

ESPACIO DE REUNIÓN

La barrera más obvia para el crecimiento son las instalaciones. Veamos el caso de una iglesia: a la gente no le importa estar de pie, y pegados hombro con hombro en un concierto, pero no les gustaría estar tan cerca para una reunión típica de iglesia. La regla general es que una sala está llena si está al 70 o el 80 por ciento de su capacidad.

Muchas iglesias resuelven el problema del espacio limitado añadiendo reuniones, pero cada reunión multiplica las complejidades de la administración y carga al personal, y ya no digamos el esfuerzo que supone añadir reuniones para las personas que hablan en cada una de ellas. Una visión de crecimiento multiplica e intensifica de manera importante el dolor del líder.

> No todo lo que enfrentamos se puede cambiar. Pero nada se puede cambiar hasta que no se enfrenta.
>
> —James Baldwin

CRECIMIENTO PERSONAL

Las horas son largas, los líderes necesitan una atención constante y ánimo, y los problemas son complicados. Esa frase es cierta en cada nivel de crecimiento. Algunos líderes exhaustos me dicen: "Cuando nuestra organización llegue a (pon tú el número), tendré más recursos y no me drenará tanto personalmente". Están soñando.

Cuando el pozo se seca, necesitamos cavar más hondo. Como líder, tu recurso más valioso es tu propio corazón. El mayor riesgo es estar tan cansado, tan desanimado o tan enojado que tu alma comienza a tiritar. Entonces estás funcionando con el depósito vacío y corriendo a ciegas. Cuando no estamos rellenando nuestro corazón con inspiración, ánimo e ideas, nos cuesta mucho avanzar. Y si *nos cuesta* seguir, podemos estar seguros de que a la gente que lideramos también les está costando. Cuando nos mantenemos secos durante mucho tiempo, el desierto por lo general se extiende hasta nuestro equipo, voluntarios clave y finalmente a toda la organización.

Cuando he recomendado planes de desarrollo personal a líderes y pastores, algunos han sacudido su cabeza quejándose: "Sí, sí... Tú no lo entiendes. Sencillamente no tengo tiempo". Sí...

pagarán un precio si invierten tiempo para el desarrollo y fortalecimiento de su alma, pero pagarán un precio aún mayor si no lo hacen.

LOCURA

Mi amigo Scott Wilson es el pastor principal de The Oaks Fellowship, cerca de Dallas. Hace unos años se dio cuenta de que su iglesia había estado chocándose contra un techo numérico una y otra vez. Al margen del nuevo programa que probaran, qué innovaciones introdujeran o qué personas contrataran, no podían atravesar esa barrera. Cada esfuerzo producía un nuevo crecimiento, pero nunca se mantenía. El breve aumento de personas era seguido por un regreso a los niveles previos. Scott finalmente tuvo una revelación. Se dio cuenta de que había estado intentando arreglar el problema equivocado. La locura, como dice el chisme, es hacer lo mismo una y otra vez y esperar tener resultados diferentes. Scott estaba decidido a ser cuerdo y hacer algo distinto. Lanzó un programa exhaustivo para empoderar a su equipo y líderes laicos clave para ser más apasionados, cultos y eficaces.[1]

En un artículo para *Christianity Today*, Branimir Schubert destacó: "Hay dos errores fundamentales que cometen las organizaciones al confrontar los asuntos: ignorar el dolor, y hacerle un mal diagnóstico... Si las organizaciones no pueden reconocer su [dolor organizacional], el resultado será un éxodo firme de personas clave (si tienen la opción de irse), o se manifestará en una fuerza laboral que está despegada, desilusionada y que no funciona a su mejor nivel. Ignorar el dolor no hará que el dolor se vaya. En lugar de eso, se extenderá".[2]

Muchas organizaciones cristianas son reticentes a admitir los problemas porque quieren poner una cara que diga: "Somos cristianos. Caminamos con Dios. No tenemos ningún problema... ¡con nada!". Por debajo de la feliz cara pública está el temor de la gente se vaya a otra iglesia que parezca que no le pasa nada.

El otro problema, un mal diagnóstico, dedica tiempo, energía y otros recursos a problemas menores (o no existentes) en vez de orientarlos a los problemas reales que enfrentan las organizaciones. Es como tener cáncer, pero el doctor mira la radiografía y dice: "Tienes un rasguño". Puede que realmente tengas un rasguño. Eso no te matará, pero el cáncer no tratado sí.

> Sin cambio no hay innovación, creatividad o incentivo para mejorar. Los que inician el cambio tendrán una mejor oportunidad de manejar el cambio que es inevitable.
>
> —William Pollard

Algunos líderes ven cada problema mediante unos lentes que piensan que pueden manejar. Si son excelentes administradores, ven cada dificultad como un rompecabezas organizacional que hay que resolver. Si son buenos consejeros, buscan formas en las que la familia de origen de alguien moldeó una mala conducta en una tarea sencilla que le habían delegado. Por supuesto, algunos problemas son principalmente administrativos, tienen sus raíces asentadas en asuntos psicológicos, pero es un error suponer que todos los problemas tienen una sola raíz.

Otro problema de mal diagnóstico es ser catastrófico, es decir, convertir cada pequeña disputa, malentendido o fallo en un enfático desastre apocalíptico. Cuando los líderes hacen montañas de granos de arena, la gente quiere huir por las montañas al margen de cuán grande o pequeño realmente pueda ser el problema.

DOLOR ANTES DEL ASCENSO

Cuando traces el rumbo de tu organización hacia el crecimiento, comienza con una idea clara: tus esfuerzos para crecer van a crear muchos, muchos problemas. Espéralos, anticípalos y dales la bienvenida como si fueran los instructores para hallar el camino correcto.

Si exploramos la Biblia, podemos encontrar héroes que sufrieron grandes desafíos antes de ser recompensados. Es un principio de vida que el *dolor viene antes del ascenso*. Las experiencias del rey David ilustran este punto de varias formas:

- Tuvo que luchar y matar a un león y un oso para prepararse y hacer frente a Goliat.
- Tuvo que matar a Goliat para que Saúl lo invitara al palacio.
- Tuvo que esquivar la lanza de Saúl y correr por su vida antes de convertirse en rey.
- Tuvo que luchar en varias guerras para unir el reino.

La gente y las organizaciones crecen con el fertilizante del dolor. Quizás no nos gusta. Quizás lo resistimos, pero es un principio verdadero. Para vivir, algo tiene que morir. Para dar a luz, una madre tiene que soportar el sufrimiento del proceso de dar a luz. Antes de la resurrección estuvo el dolor de la cruz.

Antes de ascender, el dolor purifica nuestro corazón, profundizar nuestra resiliencia y nos hace crecer.

Como hemos visto, algunos de nuestros dolores son autoinfligidos por el cúmulo de estrés no liberado. Algunos son el resultado de desafíos externos, y sufrimos dolores y dificultades porque estamos intentando crecer. La meta, entonces, es a veces evitar el dolor, a veces aliviarlo, a veces crear el dolor del crecimiento, pero siempre aprender las lecciones que el dolor tiene para nosotros.

Y RECUERDA:

SOLO CRECERÁS HASTA EL UMBRAL DE TU DOLOR.

5

LO QUE TE EMOCIONA

Lo que hace que una vida sea importante es
el impacto que tiene sobre otras vidas.
—Jackie Robinson

El idealismo es algo maravilloso, hasta que se convierte en una carga demoledora. La mayoría de los líderes quieren que sus vidas cuenten, es decir, quieren ser trascendentes. Los líderes en la empresa se imaginan creando productos nuevos y revolucionarios o cambiando la forma en que se comunican las personas. Los líderes en cada campo tienen grandes sueños de tener un impacto sobre muchas vidas, pero si no tienen cuidado, las expectativas irreales, acompañadas de las grandes decepciones y conflictos, pueden hacerles sentir que son *menos que*.

Las expectativas exageradas conducen inevitablemente a la desilusión: una forma común de dolor del liderazgo. Entonces, podemos elevar de manera significativa el umbral de nuestro dolor, teniendo una visión más realista de nosotros mismos, de los talentos que se nos han dado y de nuestra necesidad de otros para llenar los huecos. Puede que queramos ver a un superhéroe con capa cuando nos miramos en el espejo cada día, pero esta ilusión finalmente arruinará todo lo bonito de nuestra vida.

En el caso de los líderes de iglesias y consultores, ellos tienen muchas formas distintas de identificar categorías de líderes; entonces, cuando los pastores pueden identificar el principal talento que Dios les ha dado, pueden aportar muchos recursos para mejorar en esa área y pueden encontrar a otros para operar eficazmente en los otros papeles.

> Un hombre debería llevar dos piedras en el bolsillo. Una debería llevar inscrito: "Solo soy polvo y cenizas". Y en la otra: "El mundo se creó por mí". Y debería usar cada piedra cuando sea necesario. —A. Rabbi

Para identificar esos talentos, yo prefiero describir las siguientes fortalezas y limitaciones de cuatro tipos de liderazgo pastoral: emprendedor, pastor, maestro/predicador y administrador. Obsérvalos bien. Estos ejemplos de liderazgo pastoral tienen mucho para enseñarnos, y podemos extrapolarlos hacia el liderazgo en otros ámbitos.

EMPRENDEDORES

Tengo el privilegio de trabajar con muchos visionarios extraordinarios. Estas personas miran al futuro y ven cosas que el resto no podríamos imaginar nunca. Trazan un curso para conseguir lo aparentemente imposible, y su capacidad para inspirar a otros atrae a las personas y les invita a que se involucren. Los emprendedores logran cosas mayores que nadie, pero a menudo a un costo considerable. Varias personas piensan que están locos. El fundador y CEO de Amazon, Jeff Bezos, dijo: "Los emprendedores deben estar dispuestos a ser incomprendidos durante largos periodos de tiempo".[1]

PASTORES

Muchos pastores no tienen la visión de hacer crecer sus iglesias hasta convertirlas en megaiglesias, pero tienen un sentimiento claro de que han sido llamados a cuidar de los que sufren. Cuando entran en una sala, sienten el nivel de amor o tensión. A menudo disciernen bien las complejidades de una relación bajo presión.

Los pastores, sin duda, son valiosos junto al lecho de un miembro de la iglesia que está enfermo, pero puede que no den una clara dirección a su congregación para el futuro. Los emprendedores se frustran con ellos porque parece que no les importa el crecimiento, y los administradores también se frustran con ellos porque los pastores están tan ocupados con las personas que dejan de lado muchos detalles, y algunos detalles son muy importantes.

MAESTROS

A la gente le encanta oír mensajes que les desafíe, inspire y transforme. Algunos pastores tienen un don especial para estudiar y encontrar maravillosas ilustraciones y metáforas que hacen que los oyentes conecten los puntos. Este tipo de oratoria es ciertamente un don, pero está acompañado de un amor por la verdad y un compromiso de estudiar durante largas horas.

A veces, la existencia de una iglesia puede llegar a basarse solamente en los talentos de un gran maestro, de un orador fenomenal. Cuando esto sucede, los bancos puede que se llenen cada semana, pero el equipo de liderazgo quizás no tiene una dirección clara, los programas se dirigen de forma mediocre, y un mundo de conflictos borbotea por debajo de la superficie.

ADMINISTRADORES

Los pastores que son administradores no solo están dotados para contar lapiceros y mantener sus escritorios en orden. Tienen talento para crear planes estratégicos. Puede que no tengan la visión más grande del mundo, pero se aseguran de que cada persona involucrada en la iglesia tenga un entendimiento nítido de las responsabilidades, recursos, cronología y estructura de reporte. Crean sistemas detallados y factibles para que nadie tenga que preguntar: "¿Cuál es mi función?" o "¿Qué estamos intentando conseguir?".

A veces quienes tienen dones de administración vuelven locos a los emprendedores porque insisten en pasos claramente definidos antes de comenzar, *y* mucho tiempo para conseguir cada meta. Los pastores quizás suponen que el enfoque en las estructuras y sistemas no tiene en cuenta el corazón de las personas, especialmente el equipo de liderazgo. Los administradores están tan enfocados en crear el sistema perfecto, que no disparan para comenzar el siempre complicado proceso de crecimiento. A los administradores les encantan las bandejas de papeles, pero otros lo consideran una pérdida de tiempo, o peor, una falla de liderazgo al controlar de forma excesiva personas y eventos.

> Amar lo que haces y sentir que importa, ¿hay algo más divertido?
> —Katherine Graham=

SOMBRAS Y SECRETOS

Cuando los líderes intentan ser expertos en todo, pierden su sentido de la realidad y sentido de identidad. A medida que aumenta la presión y la frustración (desde todos los flancos) se multiplica, se sienten incluso menos seguros. Intentan mantener su idealismo y optimismo, pero los cimientos que los sostienen se están resquebrajando.

Esa compulsión por agradar me recuerda a un hombre que se sentó en un avión junto a una hermosa mujer. Tras una corta conversación, él le preguntó: "¿Qué buscas tú en un hombre?".

Ella respondió al instante: "Busco alguien que pueda pensar rápido y que sea veloz como un indio americano". Ella pensó por un segundo y después dijo: "También me gustan los hombres que ganen mucho dinero. Muchos judíos que he conocido son grandes empresarios". Tras un momento, añadió: "Pero también me gustan los vaqueros que conducen camionetas con un porta armas en la parte trasera". Hizo una pausa, y después se giró hacia hombre y le preguntó: "Por cierto, ¿cómo te llamas?".

Él la miró a los ojos y respondió: "Me llamo Toro-sentado Goldstein, pero mis amigos me llaman El Cowboy".

Quizás pensemos que esta historia es absurda, y lo es, pero algunos no estamos muy lejos del hombre de esta historia. En nuestra inseguridad, nos volvemos camaleones, cambiando de actitudes, perspectivas y valores para adaptarnos a la persona que tenemos delante. La meta de nuestra vida ha cambiado gradualmente al buscar la aprobación de otros. En su libro *Overcoming Your Shadow Mission* [La misión fantasma], John Ortberg contrasta al rey persa Jerjes y a Ester. La meta del rey era demostrar su grandeza. Afilar y sacar brillo a su reputación era su misión en la sombra. Por el contrario, Ester estuvo dispuesta a arriesgar su vida por una causa más elevada. Sin importar el precio, ella se dedicó al honor, la valentía y la verdad. Ortberg escribió:

> [La historia de Ester] nos dice que nuestra misión fantasma tiene un potencial destructivo enorme. La misión a la que nos dedicamos nos moldeará. Nuestros pensamientos y deseos no planeados e involuntarios saldrán de ello. Las nobles misiones harán brotar nobles pensamientos; pero las misiones oscuras producirán una vida interior de oscuridad oculta y descontento destructivo. Las misiones oscuras siempre destruyen al menos a una persona: aquel que vive para ellas.[2]

No se tarda mucho en crear una sombra. Podemos estar haciendo todas las cosas correctas, pero gradualmente cambiamos a motivos que tienen que ver más con el aplauso, la comodidad, el poder y el control. Ortberg explicó: "Nuestra misión oscura nos desvía solo cinco o diez grados de nuestro verdadero camino en la dirección hacia el egocentrismo, o la comodidad, o la arrogancia. Pero esos pocos grados, con el tiempo se convierten en la diferencia entre la luz y la oscuridad".[3]

Cuando vivimos en las sombras, guardamos secretos. No queremos que la gente conozca nuestros temores escondidos y sueños egoístas, así que los ocultamos de todos. Puede que nos hagamos tan adeptos al engaño que enseguida no podamos admitir esas cosas ni ante nosotros mismos. Mark Love es un fabricante de muebles y antiguo ministro en Wimberley (Texas). En un artículo para *Church Leaders,* él identifica once secretos importantes en las vidas de los pastores; ciertamente no de cada pastor, pero de los suficientes como para ser dignos de destacar. Estos son los seis que me parecen más importantes:

1. "NUESTRO MAYOR TEMOR ES LA IRRELEVANCIA".

Muchos líderes ministeriales tienen miedo de que lo que hacen cada día, aquello a lo que han dedicado sus vidas, realmente no esté cambiando vidas. La gente entra y sale de las reuniones y de los grupos pequeños, pero tienen los mismos problemas emocionales, los mismos conflictos relacionales y el mismo letargo espiritual. Estos líderes se preguntan si sus vidas realmente sirven de algo.

2. "PENSAMOS MUCHO EN ABANDONAR".

Muchos líderes se sienten desanimados porque no ven ningún resultado visible y tangible de sus esfuerzos, y se sienten celosos porque sus amigos ganan mucho dinero y disfrutan de mejores ventajas. En secreto se preguntan si han escogido la carrera correcta, y algunos de ellos emplean mucho tiempo soñando despiertos sobre un trabajo distinto.

3. "ENVIDIAMOS A LAS PERSONAS QUE PUEDEN SER ELLAS MISMAS".

Te guste o no, la gente pone a los líderes ministeriales en un pedestal, y unos pocos se deleitan en derribarlos. La posición alta a veces les hace sentir bien, pero se dan cuenta de que es peligrosa. Solo quieren bajarse del pedestal y ser, bueno, normales.

4. "A MENUDO ESTAMOS ESPIRITUALMENTE HAMBRIENTOS".

Las personas en el ministerio dan, aman y sirven hasta que se encuentran rodando sin combustible. Trazan y dirigen las reuniones para que otros sientan la presencia de Dios, pero al dirigir, raras veces sienten la maravilla, belleza y poder de esas experiencias Mark Love comenta:

> Como un trabajador de la fábrica de chocolate a quien ya no le gusta el sabor del chocolate... lidiamos tanto con los asuntos espirituales, que a menudo ya no son tan importantes para nosotros... No podemos leer la Biblia sin pensar en ideas para un sermón. No podemos orar sin pensar en dirigir la oración. No podemos reunirnos con otras personas de la iglesia sin hablar de trabajo. Así que preferimos jugar al golf, o ver la televisión, o cualquier otra cosa.[4]

5. "SOMOS PECADORES, IGUAL QUE TÚ".

Unos cuantos líderes albergan los secretos de los pecados del "hermano menor", tales como sexo ilícito, avaricia, pornografía y adicciones. Pero mucho más frecuente es que líderes en el ministerio cometan los pecados del "hermano mayor" de santurronería, resentimiento y arrogancia. El primer tipo obtiene más atención de los medios cuando esos pecados salen a la luz, pero Jesús tuvo duras palabras para los fariseos, el prototipo de los hermanos mayores. Los pastores no quieren que la gente sepa que cometen ni unos ni otros pecados. Ah, ocasionalmente pueden admitir que tienen una debilidad o falla, pero no quieren que nadie conozca sus genuinos pecados que entristecen a Dios (no estoy defendiendo un mensaje sobre las intimidades cada fin de semana, pero una autenticidad apropiada es algo refrescante, y poco frecuente).

6. "ESTAMOS SOLOS PORQUE ES DIFÍCIL CONFIAR".

Los líderes ministeriales están en el centro de las líneas de comunicación para la iglesia y la comunidad. Conocen los trapos sucios y han oído los secretos compartidos en forma de peticiones de oración. Y peor aún, han oído chismes sobre ellos mismos y su familia. Quizás asumieron el riesgo de confiar en alguien en el pasado, pero su vida privada fue expuesta de forma vergonzosa y lastimosa. Sea cual sea la causa, muchos líderes (y especialmente sus cónyuges) son muy reticentes a volver a exponerse.

> Tú y yo vivimos en una era en la que solo una rara minoría de personas desean pasar sus vidas persiguiendo objetivos mayores que ellos mismos. En nuestra era, para la mayoría de las personas, cuando mueran será como si nunca hubieran vivido.
>
> —Rusty Rustenbach, *Giving Yourself Away*

AMOR, SINCERIDAD Y SEGURIDAD

Mientras intentemos esconder nuestras inseguridades, pecados y limitaciones, sufriremos muchos más dolores de liderazgo de lo necesario. En cambio, tenemos que ser completamente sinceros con nosotros mismos, con Dios, y al menos con otra persona más. Si no tienes un amigo que sea totalmente fiable, encuentra un terapeuta. Ellos cobran por entender *y* no decir nada.

No tienes que ser Superman. De hecho, *no puedes* ser Superman. Conoce tu estilo de liderazgo: celebra el hecho de que tienes fortalezas concretas y acepta tus limitaciones. Sé sincero con tu equipo de liderazgo sobre lo que te gusta, y resiste, y dales gracias por llenar los grandes agujeros que dejas a tus espaldas. La arrogancia y el resentimiento crean muchas heridas; la gratitud es un bálsamo maravilloso para sanarlas.

En primer lugar, nosotros somos recipientes. Vivimos en un mundo transaccional, pero necesitamos entender bien el orden o toda nuestra vida quedará confundida. Somos recipientes, no dadores. Acudimos a Dios con manos vacías y corazones abiertos, y dependemos de que Él los llene. Solo entonces, cuando rebosemos de su bondad y grandeza, podremos dar a otros sin esperar nada a cambio. Si damos, amamos y servimos para ganar la aprobación o poder controlar a otros, realmente no estamos dando; solo estamos manipulando a la gente para nuestro propio beneficio.

Por esta razón, algunos somos dadores compulsivos pero malos receptores. Cuando podemos dar y recibir con la misma gracia, podemos tener relaciones reales con Dios, con nuestros cónyuges e hijos, con amigos y vecinos, y con las personas de nuestra iglesia. En *Bread for the Journey* [Pan para el viaje], Henri Nouwen dijo que dar es importante. Cuando damos, expresamos amor, mostramos apoyo y establecemos conexiones a nivel personal y emocional. Cuando damos, ofrecemos nuestro tiempo, nuestras posesiones e incluso a nosotros mismos. Pero los líderes también tienen que aprender a ser buenos receptores.

Cuando aceptamos algo que alguien nos ha ofrecido, lo validamos como ser humano, como un miembro valioso de la comunidad, y como iguales. Nouwen explica que la gratitud genuina es esencial para que el intercambio tenga un verdadero sentido. Mirar a las personas a los ojos y decir: "Gracias", valida su regalo, su corazón y su vida. Dar no es suficiente para formar una verdadera comunidad, y recibir no es suficiente. Se necesitan ambas cosas para formar el círculo de conexiones genuinas.[5]

Los líderes inseguros, amenazados y estresados, dan, pero no saben recibir. Los líderes seguros reciben con corazones humildes y agradecidos, y la gracia se multiplica en un alegre dar y compartir.

SIN EXCEPCIONES

A lo largo de la Biblia, vemos un claro patrón en cómo Dios trabaja con las personas. Sin importar cuán dotados estuvieran, Dios humilló a las personas antes de usarlas. A. W. Tozer creía que la experiencia del dolor es esencial para que cualquier líder se vuelva moldeable en las manos de Dios. En uno de sus libros más famosos escribió: "Es dudoso que Dios pueda bendecir mucho a un hombre si no le ha herido profundamente".[6] Los métodos pueden variar, pero Él siempre se las arregla para conseguir la atención concentrada de una persona para enseñarle las lecciones de confianza más fundamentales:

- Dios le dijo a Noé que construyera un barco enorme en tierra seca. El diluvio no llegó durante 120 años. Noé tuvo que confiar en Dios mientras toda la gente a su alrededor pensaba que estaba loco.
- Abraham recibió la promesa de ser el padre de una gran nación, pero su vida fue un estudio sobre la esterilidad durante veinticinco largos años.
- José soñó dos veces que su familia algún día se postraría ante él. Sus hermanos se enojaron por su arrogancia y el favoritismo de su padre. Lo vendieron a unos mercaderes, y se convirtió en un esclavo en Egipto. Allí también fue traicionado y olvidado en una mazmorra. Pero cuando llegó el momento oportuno, José estaba listo.

Dios lo usó para rescatar a dos naciones: Egipto y su familia.

- Moisés creció rodeado de lujos en el palacio del faraón. Cuando se dio cuenta de que era hebreo, intentó defender a un esclavo matando a un egipcio. Pasó cuarenta años en el patio trasero de ningún lugar para entender que él no estaba al mando.
- Josué había visto a Dios hacer milagros, dividiendo el río Jordán y haciendo que se cayeran las murallas de Jericó, pero el pecado de un hombre provocó una catástrofe militar. ¡Eso captó la atención de Josué!
- Elías vio a Dios hacer uno de los mayores milagros de la Biblia al enviar fuego para consumir el altar y el sacrificio en el monte Carmelo, pero se volvió tan temeroso de Jezabel que huyó para salvar su vida y se volvió muy depresivo. En las profundidades de su desesperación, Dios se le apareció.
- David era un rey ungido, pero le costó años de huir y pelear hasta finalmente poder reclamar su trono. Después, sus pecados de adulterio y asesinato exigieron la reprensión de un profeta y la asombrosa gracia de Dios para limpiarle.
- Daniel era un exiliado en Babilonia, pero fue elegido para la corte del rey. Los celos provocaron las represalias de algunos oficiales del rey, pero Daniel fue librado de las bocas de los leones.
- Pedro hizo una gran proclamación de lealtad a Jesús tan solo horas antes de negar que lo conocía. Tras la

resurrección, Pedro abandonó la misión y regresó a su pesca. Pero Jesús le salió al encuentro, lo restauró y lo convirtió en el líder de la joven iglesia.

- Pablo menospreció a Jesús y a todos los cristianos. Con ferocidad y tenacidad se dispuso a destruir al pueblo de fe, pero Jesús le salió al encuentro y cambió su corazón. Sus pasiones fueron totalmente transformadas, ¡para esparcir las buenas nuevas del Señor Jesús!

¿Somos nosotros mejores que estas personas (e incontables más que podríamos mencionar)? El dolor no es un accidente en el mundo. Incluso cuando es autoinfligido mediante la duda y el pecado, el Creador entrelaza los hilos de esas experiencias para convertirlas en algo hermoso, si se lo permitimos.

El mundo cristiano afirma seguir a Jesús, y estar comprometido con dejarle que los conforme a su imagen. Pero... ¿qué imagen de Jesús podría ser esa? Tengamos en cuenta estos detalles:

- Las circunstancias de su nacimiento eran cuestionables. Sus padres eran el tema del chisme.
- Se convirtió en un refugiado africano durante su primer año de vida.
- Sus padres no lo entendían ni a Él ni a su misión.
- Tras comenzar su ministerio, su familia pensaba que estaba loco.
- Fue criticado y condenado a manos de los que afirmaban representar a Dios.
- Fue incomprendido y abandonado por sus amigos más cercanos.

- Escogió soportar la tortura más dolorosa.
- En su momento de dolor más supremo, el Padre lo abandonó.

> Vivir por gracia significa reconocer toda la historia de mi vida, el lado claro y el oscuro. Al admitir mi lado oscuro, aprendo quién soy y lo que significa la gracia de Dios. —Brennan Manning, *Ragamuffin Gospel*

Cuando experimentamos una crisis repentina o una época prolongada de agonía, descubrimos lo que realmente nos emociona. Si abrimos nuestro corazón a experimentar más gracia que nunca, incluso aunque Dios pudiera parecernos que está a un millón de kilómetros de distancia, tarde o temprano lo encontraremos más dulce que nunca. Cuando el dolor encuentra un hueco *en* nosotros, la lección puede abrirse paso *a través* nuestro al convertirnos en canales de la compasión, amor y valor que hemos encontrado en nuestro dolor.

¿Has estado ahí? ¿Estás ahí ahora mismo? Prepárate; ya viene, y siempre para acercarte y moldearte un poco más a su imagen.

¿Qué te emociona? Quizás somos líderes en el mundo de los negocios, organizaciones sin fines de lucro o iglesias. Sea cual sea el lugar en el que servimos, cada uno de nosotros es una mezcla increíblemente compleja de fortalezas y deficiencias dadas por Dios, metas nobles y deseos egoístas, emoción y apatía, dar y entender, amar y temer. Si no somos conscientes de las poderosas fuerzas que actúan bajo la superficie de nuestra vida, cuando nos llegue el dolor nos sorprenderá con la guardia baja; seremos reactivos y defensivos en lugar de ser sabios y fuertes.

Y RECUERDA:

SOLO CRECERÁS HASTA EL UMBRAL DE TU DOLOR.

6

ANÁLISIS DE LA RAÍZ

La adversidad es el polvo de diamante con
el que el Cielo pule sus joyas.
—Thomas Carlyle

Es importante que los líderes realicen un autoexamen riguroso para ver lo que les emociona, pero también tienen que evaluar sus organizaciones. Este análisis más amplio, mirando tras una lente de ángulo ancho, a menudo da nuevas percepciones sobre el dolor que experimentan.

Warren había sido el pastor principal de la iglesia más grande de la ciudad durante más de treinta años. Era un elemento fijo en la comunidad, respetado y querido. Su pastor asistente y su pastor de jóvenes habían estado con él por años. Eran un equipo sólido. Llegaba su jubilación, y Warren se reunió con el director del equipo ejecutivo para hablar sobre la sucesión. Una persona era la opción obvia. Dan era un amigo íntimo del pastor de jóvenes y de varios otros en la iglesia. Estaba sirviendo como ayudante en una iglesia en un estado vecino. Si alguien parecía preparado para liderar la iglesia, ese era Dan. El pastor de jóvenes estaba emocionado con que Dan pudiera ser el adecuado.

Parecía que iba a ser pan comido. El proceso de contratación se aceleró porque muchas de las referencias de Dan eran del equipo de Warren o de líderes de su iglesia. Dan aceptó el llamado, y todos parecían anticipar un futuro brillante.

Warren se jubiló oficialmente tres semanas después de la llegada de Dan. Solo unos días después, la brillante reputación de Dan comenzó a dar señales de deslustre. No se comunicaba con el equipo, sus sermones eran planos, y parecía estar más interesado en el golf que en la iglesia. Durante unas semanas las murmuraciones en la oficina se sumaron a las reafirmaciones. "Tan solo se está estableciendo. Hay que darle tiempo. Estoy seguro de que todo saldrá bien".

Pero las cosas solamente empeoraron. Durante los meses siguientes, las grietas de sospecha del grosor de un cabello se convirtieron en amplios cañones de desconfianza. Se empezaron a formar bandos. El pastor de jóvenes, y antes el mejor amigo de Dan, intentó varias veces tener conversaciones abiertas con él, como las que tenían tan a menudo en otros tiempos más felices, pero los de ahora no eran tiempos felices en absoluto. El pastor asistente defendía a Dan a toda costa, y estaba furioso de que el pastor de jóvenes estuviera confrontando al nuevo líder.

Cada reunión de equipo, cada reunión de domingo y cada evento de la iglesia ahora llevaba una pesada carga de duda y resentimiento. La gente empezó a formar bandos, y cada bando culpaba al otro. Después de solo seis meses tras la llegada de Dan, la amargura desembocó en una desagradable división de iglesia. Los que se fueron, incluido el pastor de jóvenes, el director del consejo y al menos otras treinta familias (como un tercio de la iglesia), fueron tachados de insatisfechos e incluso de endemoniados. Prácticamente todas las personas en ambos lados se preguntaban: "¿Pero... qué ha ocurrido? ¿No se podía haber resuelto esto antes de llegar a este punto?".

> Lo peor que nos puede ocurrir a cualquiera de nosotros es tener un camino que ha sido demasiado llano. Una de las mayores bendiciones que el Señor nos dio fue una cruz.
> —Charles H. Spurgeon

LAS PREGUNTAS INHERENTES

Cuando la gente sufre de algún modo, está en la naturaleza humana preguntar: "¿Por qué ocurrió esto?". "¿Por qué me sucedió a mí?". Estas preguntas son parte de nuestro ADN. La meta, entonces, es hacer una búsqueda y una valoración intrépida para asignar la debida responsabilidad. El problema es que la mayoría de las personas carecen al menos de uno de dos elementos —o quizás ambos— esenciales: ideas y valentía. En su lugar, tienden a volverse o bien esponjas de culpa o lanzadores de culpa para adherir rápidamente la culpa y resolver el conflicto lo antes posible.

En tiempos de conflicto, algunas personas aceptan rápidamente la responsabilidad de un problema, incluso aunque no hayan hecho nada (o mucho) para causarlo o prolongarlo. En su inseguridad, no pueden soportar vivir con tensión. Su respuesta es afirmar que ellos son los culpables. Son esponjas que absorben la culpa.

Por otro lado, los lanzadores de culpa están más que contentos con llegar a la misma conclusión. Se defienden de manera impulsiva sea como sea y apuntan a cualquier diana, especialmente a aquellos que voluntaria y neciamente aceptan toda la culpa.

Esta danza patológica se produce en oficinas de negocios, equipos de iglesias y matrimonios. De hecho, cuanto más se produce, más difícil es cambiar el patrón de acusación. Ese patrón se puede volver relativamente cómodo porque es totalmente predecible, pero nunca conduce a amor, entendimiento, valentía y crecimiento.

El *análisis de la raíz* es un método de identificación y resolución de las causas subyacentes de los problemas, fracasos y conflictos. No intenta solamente manejar los síntomas de un problema, aunque los síntomas podrían ser graves. En cambio, quienes usan este método invierten tiempo y energía en desenmascarar la raíz oculta pero poderosa, lo cual, cuando se trata, resuelve el problema y sus consecuencias sustancialmente.

En las empresas, el no preguntar y responder las preguntas difíciles, para abordar la raíz, puede significar la diferencia entre la vida y la muerte. En 2014, la CEO de General Motors, Mary Barra, admitió ante un subcomité congresual y al público que la empresa había fallado en retirar automóviles fabricados con un defecto en el interruptor de encendido, un problema que condujo al menos a trece muertes y muchos más heridos. Una investigación descubrió que los ejecutivos de GM habían sido conocedores del problema durante años y podían haber arreglado los interruptores por un costo de menos de un dólar por automóvil. Uno de los investigadores resumió los hallazgos para el subcomité:

> Hubo un fallo a la hora de rendir cuentas, una falta de urgencia y un fallo en el personal de la empresa encargados de verificar la seguridad de los vehículos de la empresa para entender cómo los propios vehículos de GM fueron diseñados. Descubrimos fallos por toda la empresa, incluyendo errores individuales, mala dirección, estructuras de comité bizantinas, falta de entrenamiento y políticas inadecuadas.[1]

En el momento de la investigación, Barra acababa de recibir recientemente el principal papel en la empresa, pero ella no se retractó a la hora de hacer un brutal (y preciso) análisis de los problemas que tenía el gigante del automóvil. Ella explicó: "Sé que algunos de ustedes se preguntan por mi compromiso a resolver los profundos problemas culturales subyacentes. La respuesta es que no descansaré hasta que estos problemas se resuelvan. No tengo miedo a la verdad".[2] Durante más de una década, los diseñadores de GM, ingenieros y ejecutivos conocían los problemas existentes, pero en sus análisis y soluciones valoraron su reputación (y sus pensiones) más que la integridad. Esperaban que el problema desapareciera. Cuando eso no sucedió, esperaban que nadie se atrevería a señalarlos. Al final, su análisis erróneo costó vidas y terminó con la carrera de un diseñador.

Para los pastores de iglesias y líderes en cualquier tipo de organización, los resultados de no identificar las raíces no conducen a accidentes y muertes, pero a menudo producen miles de consecuencias que matan el alma:

- **Se sienten confundidos.** Lo están intentando con todas sus fuerzas, pero obtienen letargo y resistencia en vez de una aceptación entusiasta por parte de aquellos a quienes dirigen.
- **Se sienten desilusionados.** Miran a su alrededor a otras iglesias que están creciendo y a otros pastores a quienes les piden hablar en conferencias, y sienten que son unos fracasados.
- **La falta de recursos les frustra.** Se preocupan por las finanzas, las suyas y las de la iglesia, y parece que no tienen tiempo, espacio o líderes suficientes para conseguir hacer las cosas.
- **Sus familias se están derrumbando.** Los pastores están profundamente dedicados a la causa de Cristo, y están dispuestos a sufrir por ella, pero sus familias a menudo se sienten desatendidas y resentidas.
- **Padecen cansancio crónico.** Les encanta cortar el césped, trabajar en un proyecto de amueblamiento o hacer alguna otra cosa que les deje ver que algún proyecto se termina. No importa cuántas horas inviertan, siempre hay más visitas a hospitales, llamadas de teléfono, ilustraciones de sermones y oraciones que demandan su atención.
- **Están solos.** Parece que nadie les entiende realmente, ni siquiera su cónyuge. Todos quieren más del pastor de lo que él puede dar. Se siente solo y vacío.

- **Su mente y su corazón van a la deriva.** Comienzan a pensar lo impensable, después se imaginan lo inimaginable y después actúan sobre esas cosas, variando desde retirarse del ministerio hasta conseguir un trabajo fuera de la iglesia o fracasar moralmente.

Como respuesta a estas amenazas muy reales, la mayoría de los líderes intentan desesperadamente manejar el dolor, minimizar el daño y vivir para luchar contra otro día. Pero raras veces identifican de manera precisa las causas subyacentes de sus dificultades.

ETAPAS DE CRECIMIENTO Y DOLOR

No todos los dolores son personales. A veces el dolor es el resultado directo de la etapa de desarrollo de la organización. He dado consultoría a líderes de iglesias y empresas durante muchos años, y he notado etapas predecibles mientras dan pasos para implementar su visión de crecimiento. En cada una de estas etapas, los líderes y las organizaciones sufren dolores concretos.[3] Permíteme bosquejar las cinco etapas que he observado, y describir el dolor en cada una de ellas:

1. **La etapa emprendedora:** al principio, una nueva visión capta el corazón y la mente del líder. Todo parece posible, y un futuro brillante se presenta muy prometedor. Sin embargo, todas las ideas son conceptuales; nada concreto se ha establecido aún. El líder intenta expresar la belleza y poder de la nueva visión, pero su equipo quizás lo mira como si estuviera hablando en un lenguaje desconocido porque, en cierto sentido, lo

está haciendo. La gente señala la falta de recursos, y lanzan una decena de supuestos que se podrían dar. El líder siente el dolor de ser incomprendido e incluso la oposición de aquellos con los que está contando para hacer avanzar los planes.

2. **La etapa emergente**: a medida que se implementan los nuevos planes, el líder y la organización están claramente en tierra de nadie: entre la certeza del pasado y las esperanzas del futuro. En vez de resolver todas las preguntas de la etapa previa, los primeros pasos de la implementación hacen salir a la luz más luchas de las que habían anticipado. Todos esperaban que el crecimiento se produjera de inmediato, pero obstáculos imprevistos y resistencia se interponen en el camino. Esto provoca confusión, y la gente reacciona cuestionando la credibilidad del líder. ¿Por qué —se preguntan— ha empezado algo si no tenía todas las respuestas? Un artículo de la revista *Forbes* reporta que ocho de cada diez empresas fracasan en los primeros dieciocho meses.[4]
3. **La etapa establecida**: en las empresas, iglesias y otras organizaciones que tienen sistemas que funcionan, líderes que promueven el cambio a menudo sienten que están empujando una masa enorme de gelatina. La inercia organizacional es muy difícil de vencer, incluso para el líder más apasionado. Los miembros del consejo a menudo están firmemente comprometidos con los sistemas existentes. Los equipos de liderazgo han conseguido ascensos y bonificaciones, sobresaliendo

en el cumplimiento de viejas metas. Detrás del telón, los técnicos han invertido incontables horas en establecer y afinar los actuales sistemas operativos. En cada momento y en cada nivel, el líder enfrenta una intransigente reticencia al cambio. Además, cuando la organización era joven y creciente, el líder podía contratar y despedir al equipo de personal, pero ahora cada cambio de personal requiere la aprobación y experiencia de un departamento de recursos humanos.

4. **La etapa de erosión**: he hablado con muchos líderes que despertaron para darse cuenta de que sus organizaciones habían dejado de crecer y ahora estaban menguando. Pero cuando miraron con detenimiento, entendieron que el ácido de la erosión se había adentrado varios años atrás. El impulso de años anteriores de crecimiento los había llevado hacia delante por un tiempo, pero ya no es así. La visión ya no cautiva a nadie. La pasión se ha convertido en letargo. El ánimo ha dado lugar a la culpa y el resentimiento. Su empresa o iglesia se estableció y dirigió bien, pero el líder comenzó a hacer demasiadas suposiciones. Después ocurrió algo que les hizo preguntarse: "¿Qué está ocurriendo realmente aquí?". A veces los líderes saben instintivamente que algo está terriblemente mal en sus organizaciones, pero hasta que no cavan más hondo y hacen algunas preguntas difíciles, no pueden averiguarlo.
5. **La etapa innovadora**: los líderes no se pueden permitir mantenerse quietos y ver cómo la organización

continúa creciendo. Eso no sucederá. Para mantenerse en contacto con la gente deben mantenerse afilados y seguir reinventando siempre el producto y sus servicios. Compañías como Apple y Amazon salen con productos nuevos, innovadores e inspiradores de forma regular. No hace mucho, Samsung sacó un teléfono nuevo. Su *marketing* no hablaba de los elementos de las conexiones telefónicas, sino del hecho de que su nuevo aparato hacía mejores fotografías. Estudiaron a su audiencia y les dieron algo que ellos querían. Blackberry falló a la hora de innovar, y desapareció del mercado. Para los líderes que están en la etapa innovadora, el desafío es adelantarse a la curva para que su organización no comience a erosionarse. Los líderes tienen miedo a quedarse atrás.

El dolor que estás sufriendo, ¿se corresponde con alguna de estas etapas? Ciertamente, nuestras experiencias dolorosas pueden ser el resultado de un estrés interno sin aliviar o de desafíos externos, pero el dolor que soportamos en las etapas de crecimiento a menudo es una mezcla de estos sufrimientos. ¡No los subestimes! Sé objetivo, identifica los dolores infligidos en la etapa de tu empresa, iglesia u organización sin fines de lucro, y da los pasos que tengas que dar.

> El sufrimiento quita el cerrojo de la puerta del corazón de tal forma que la Palabra entra más fácilmente.
>
> —Richard Baxter

HUMANO Y DIVINO

Cuando enfrentamos dificultades, a menudo cometemos dos errores categóricos: buscamos respuestas rápidas y obvias, y culpamos a Dios por no protegernos o proveernos de la manera que esperábamos. Tenemos que mirar más de cerca y descubrir un análisis más preciso y reconfortante para el alma.

Puede que seamos capaces de identificar los problemas superficiales con bastante rapidez: resistencia de un miembro del equipo, una carga de trabajo demasiado pesada, la ira de un cónyuge, falta de fondos, y demás. Pero en una capa más interna hay una importante *percepción de estos problemas*: nos sentimos fuera de control, y creemos que tenemos que estar en control para ser felices y exitosos. La percepción de que estamos fuera de control multiplica nuestra ansiedad. Entonces, en vez de tratar el problema superficial, batallamos con el peligro mayor, más profundo y más amenazante de creer que somos débiles, indignos y, peor aún, ¡que la gente pueda descubrir que somos débiles e indignos!

Para los líderes, reconocer las limitaciones de su capacidad para controlar personas y eventos reduce la ansiedad y proporciona un alivio bien recibido. Para muchos líderes, sin embargo, controlar a otros no es una opción casual sino una obsesión. La *ilusión del control* es una tendencia observada de las personas de estimar en exceso su capacidad para controlar individuos, grupos y eventos. Creen que tienen la capacidad de determinar las respuestas, actitudes y resultados de otros. La psicóloga Sandra Sanger observó a sus clientes y a sí misma:

> El asunto del control está extendido en mi consulta como terapeuta. Los clientes desearían poder controlar a otros, detestan los sentimientos de descontrol, temen que otros les controlen. Y seamos sinceros: hay veces en las que mi propia ilusión de control dirige fantasías de ejercer más influencia en la vida de mis clientes de lo que es realmente posible. Ojalá pudiera mover la varita mágica que, lo digan o no, muchos clientes parecen anhelar.[5]

De formas saludables, el deseo de control nos impulsa a ser meticulosos e intentar lo mejor, pero muchos superamos este nivel. Nuestra preocupación por la excelencia se transforma en demandas de conformidad. Cuando esto ocurre, cada decisión es una competición de voluntades, con un perdedor y un ganador. Las relaciones enseguida se tuercen porque nadie se siente valorado cuando se demanda conformidad.

A nivel humano, una de las cosas más útiles y positivas que los líderes pueden hacer es reconocer las limitaciones de su capacidad para controlar a otros. La respuesta no es rendirse y abandonar, sino darse cuenta de que intentar forzar el cambio, la conformidad y una actitud agradable casi siempre resulta contraproducente. La preocupación no se debería convertir en un problema, el ánimo no debe convertirse en demandas, y las invitaciones a unirse al esfuerzo se pueden hacer sin manipular o causar culpabilidad.

No me malentiendas. Los líderes pueden y deben pedir cuentas a las personas de las tareas que han accedido a realizar, pero esta perspectiva cambia todo lo referente a las interacciones: al comienzo, cuando se hace la oferta, durante la tarea cuando la persona lo está haciendo bien o regular, y al final en la evaluación. La ilusión del control hace que los líderes se vuelvan ansiosos y demandantes, y las personas a las que sirven con frecuencia se sienten utilizadas. Un entendimiento de los límites del control cambia la atmósfera, las expectativas y el lenguaje en ambos lados.

EL PUNTO DEL DOLOR

Cuando sufrimos, raras veces vemos la razón *durante* el dolor (a menos que el sufrimiento sea el resultado directo de un pecado, e incluso así puede que no conectemos los puntos de forma sencilla, rápida y correcta). Cuando estamos en el dolor, nuestra conclusión instintiva es como los discípulos en la barca en medio de una terrible tormenta mientras Jesús dormía. Por encima del ruido del viento y las olas, le gritaron: "¡Maestro! ¿no te importa que nos ahoguemos?" (Marcos 4:38).

Quizás no conozcamos las razones de nuestro dolor, pero podemos estar totalmente seguros de que una razón está descartada: no puede ser que a Dios no le importemos, porque ha demostrado su amor sin lugar a dudas. Desde la perspectiva divina podemos extraer varias conclusiones que nos ayudan a soportar el dolor:

- Dios nunca nos abandona, incluso cuando no podemos sentir su presencia.
- Nuestra fe y carácter se desarrollan de la forma más poderosa en tiempos de adversidad.

- Dios a veces nos libra *del* dolor, pero la mayoría de las veces nos libra *por medio* de él.
- Cuando confiamos en Dios en los tiempos difíciles, nuestras piedras de tropiezo se convierten en peldaños de crecimiento.
- Cuando enfrentamos nuestros temores más profundos, nuestra fe crece porque descubrimos que Dios es fiel.
- Cuando las dudas nublan nuestra mente, es tiempo de reenfocarnos en la gracia de Dios, su grandeza y sabiduría.
- Puede que no nos guste el camino que Dios ha escogido para nosotros, pero tenemos que aceptar humildemente el dolor como parte de su plan.

RESPONDER EN FE

Cuando experimentamos sufrimientos y dificultades, al margen de cuál sea la fuente, tenemos que mirar por debajo de la superficie para identificar las raíces desde una perspectiva humana y divina. Un análisis preciso requiere valentía, quizás para admitir que estábamos intelectualmente equivocados, que habíamos fallado moralmente y que relacionalmente fuimos controladores. Sí, tal vez seamos víctimas de las demandas, mentiras, abuso o abandono de otras personas, pero tenemos la responsabilidad de responder con integridad, sabiduría, perdón y amor. No podemos controlar lo que otras personas digan o hagan, pero podemos controlar lo que nosotros decimos y hacemos.

> Nuestras expectativas de convertirnos en ejemplos de piedad, grandes contemplativos, obtener etapas más altas de conciencia, todo sutilmente dirigido a llevarnos más allá de los problemas diarios de la vida ordinaria, no son la forma de llegar al reino. Más bien, el reino consiste en encontrar a Dios en nuestras decepciones, fracasos, problemas, e incluso en nuestra ineptitud para deshacernos de nuestros vicios. —Thomas Keating

Mientras vamos siendo más sinceros y nos vamos sintiendo más seguros, dejamos de controlar a quienes nos rodean. Puede que los demás se sorprendan del cambio, y quizás se sientan incómodos por un tiempo porque se han acostumbrado a que les digamos cómo pensar, sentir y actuar. Pero ahora podemos tener relaciones ricas y auténticas basadas en sinceridad, confianza y amor. La objetividad abre la puerta a un cambio real en nosotros y en quienes nos rodean. Y no hay un cambio real sin ella.

Una de las formas más poderosas y duraderas de elevar nuestro umbral de dolor es analizar precisamente la fuente más profunda de nuestro dolor. Entonces, en vez de evitarlo o gestionarlo, puedes invitar a Dios a usarlo para enseñarte las lecciones más importantes de tu vida. Y serás un líder mucho mejor.

Y RECUERDA:

SOLO CRECERÁS HASTA EL UMBRAL DE TU DOLOR.

7

TIENES QUE AMARLO

Nunca entenderás el placer sin dolor.
—T. D. Jakes

Matt estaba listo para abandonar. Los esfuerzos de ser pastor finalmente habían acabado con él. Al pensar en sus quince años como pastor de una iglesia de tamaño medio en Virginia, no podía destacar ningún evento catastrófico, no se habían producido fracasos morales, ni rebeliones, ni divisiones de iglesia, ni furor por la dirección de la iglesia. Pero diez mil momentos de dar un poco más de lo que estaba recibiendo, finalmente llegaron a vaciar su tanque. De hecho, había estado operando con la reserva los últimos años, pero como buen soldado que era, había seguido avanzando.

Cuando Matt le contó a su mujer Rachel que estaba pensando dejar el ministerio, ella intentó actuar como si estuviera sorprendida, pero estaba contenta. Había visto cómo el espíritu de su esposo se disipaba muy lentamente a lo largo de todos aquellos años, como si hubiera estado sumergido en un ácido débil. Juntos comenzaron a pensar en ideas sobre el tipo de trabajo que podía realizar. ¿Cuántos puestos de ejecutivos en compañías de prestigio están marcados con estudios de seminario y años en el ministerio? Aun así, cualquier cosa sería mejor que otro año bañándose en ácido.

Durante varios meses antes de la decisión de dejar la iglesia, Matt y Rachel habían pensado asistir a un retiro de pastores. Cuando le dijo a ella que iba a llamar para cancelar su reserva, ella lo detuvo. "Vayamos. Esta será una de las últimas cosas que hagamos antes de decirle al equipo que te vas. Necesitamos un refrigerio… y te vendría muy bien un descanso".

Una semana después, en el retiro, los oradores eran cálidos y animosos, y las otras parejas parecían muy accesibles. Una mañana después del desayuno y antes de la primera reunión, Stephen, un pastor al que Matt había conocido el día anterior, se acercó a él y le dijo: "Hola, Matt, no quiero meterme en tus cosas ni ser raro ni nada parecido, pero si me lo permites, me gustaría decirte algo que siento en mi corazón".

Matt se preguntaba si ese tipo iba a compartir un pecado secreto y descargar con él su alma, pero asintió y dijo: "Claro". Salieron a un lugar tranquilo mientras el sol de la mañana aparecía entre los árboles. Se sentaron, y Stephen dijo: "Sé que esto te sonará realmente extraño, pero creo que el Señor me dio algo para que te dijera".

Matt al instante pensó: *Oh, Dios. ¡Eso no! De verdad que no quiero que ningún tipo loco tenga "una palabra de Dios" para mí. Ya tengo bastante locura en mi vida tal cual está.* Pero sonrió y dijo: "Genial. Adelante".

Stephen tragó saliva y dijo: "El Señor me dijo que te dijera que la autocompasión no es un buen fundamento para una vida de fe y esperanza".

Matt sintió que se sonrojaba. Estaba furioso de que un extraño fuera tan cruel, pero Stephen no había terminado. "También me dijo que te has partido el alma sirviéndolo a Él y a la gente de tu iglesia. Eres un buen líder... un pastor bueno y compasivo, pero te has escurrido y te has caído de la cornisa a un hoyo".

Stephen se detuvo un instante para ver si Matt se iba a ir o iba a golpearlo. Cuando vio que ninguna de las dos cosas sucedía, continuó: "Matt, Dios no ha terminado contigo. Aún tiene mucho más para que hagas en tu iglesia, así que no abandones. Sea lo que sea que estés pensando, no lo hagas. Pero para conseguirlo, tendrás que renunciar a la autocompasión. Deja de pensar en ti como si fueras la víctima, y construye una forma de pensar totalmente nueva en tu vida".

Tras una larga pausa en la que ninguno decía nada, Stephen se levantó, puso su mano sobre el hombro de Matt, y dijo: "Eso es todo lo que tengo, hermano. Ahora depende de ti".

La idea de un análisis preciso de nuestro dolor puede llegar de forma tan gradual como un amanecer o tan repentina como un relámpago. El momento de claridad, sin embargo, no es el final, sino tan solo el comienzo. Hemos pasado años pensando, hablando y actuando según las viejas percepciones del dolor.

Ahora estamos encontrando un nuevo camino, y estamos comenzando a dar unos pasos por él. Tenemos que aprender a caminar en sabiduría. La sabiduría que tenemos que adquirir redefine cómo hemos pensado sobre el dolor: en vez de menospreciarlo, comenzamos a ver el valor inherente del mismo. De hecho, ¡aprenderemos a amarlo!

RECONFIGURAR

En algún punto, tenemos que reconfigurar radicalmente nuestro concepto de felicidad, expectativas realistas y nuestro propósito. El problema, por supuesto, es que esas cosas son tan sólidas como el cemento en nuestra mente, corazón y hábitos, así que a menudo el martillo del dolor llega hasta nosotros. En esos momentos vulnerables, podemos endurecernos y resentirnos... o podemos volvernos blandos y receptivos.

A medida que nuestra perspectiva comienza a cambiar y el dolor se vuelve menos amenazante, gradualmente lo aceptamos como el mejor maestro. En algún punto, de hecho damos la bienvenida al dolor porque los efectos son muy positivos. Quienes han aceptado el dolor como una forma de vida, raras veces se sorprenden por el sufrimiento, raras veces las dificultades los dejan devastados, y raras veces reaccionan mal cuando las cosas no son como esperaban.

Dean Karnazes es un ultramaratonista. Corrió cincuenta maratones en cincuenta días consecutivos. Corrió 560 kilómetros en tres días, sin parar y sin dormir. Ha corrido el Maratón Badwater siete veces, que comienza en Death Valley y termina 217 kilómetros después a mitad de camino en la subida al monte

Whitney. En una entrevista para la revista *Outside,* él compartió su visión de la cultura estadounidense:

> La cultura occidental tiene cosas un poco del revés ahora mismo. Pensamos que si tuviéramos toda la comodidad a nuestro alcance, seríamos felices. Equiparamos la comodidad con la felicidad. Y ahora estamos tan cómodos que somos miserables. No hay esfuerzo en nuestra vida. No hay sensación de aventura. Nos subimos a un automóvil, montamos en un elevador, todo es fácil. Lo que he descubierto es que nunca estoy tan vivo como cuando estoy empujando y con dolor, y estoy esforzándome por un gran logro, y en ese esfuerzo creo que hay magia.[1]

El experto en liderazgo Michael Hyatt meditó en la vida de Karnazes y extrajo tres conclusiones sobre por qué deberíamos aceptar la incomodidad:

1. **La comodidad está sobrevalorada.** No conduce a la felicidad. Nos hace perezosos, y olvidadizos. A menudo nos lleva al ensimismamiento, el aburrimiento y el descontento.
2. **La incomodidad puede ser un catalizador para el crecimiento.** Nos hace anhelar algo más. Nos fuerza a cambiar, estirarnos y adaptarnos.
3. **La incomodidad a menudo es una señal de que estamos progresando.** Habrás oído la expresión: "sin dolor, no hay crecimiento". ¡Es cierto! Cuando te obligas a crecer, experimentarás incomodidad.[2]

EL MAESTRO SUPLENTE

Los niños se acostumbran a sus maestros. Cuando estos maestros no están, especialmente durante un periodo de tiempo prolongado, los niños (mayormente los que están en la secundaria o cerca) a menudo piensan que el maestro suplente será una presa fácil para poder hacer todo tipo de locuras. A veces se asombran cuando el suplente es mejor maestro que su maestro regular, como Albert Einstein entrando a enseñar una clase de física o David McCullough sentándose para una lección de historia. El dolor es un maestro suplente sorprendente en nuestra vida. Nos hemos acostumbrado a la forma en que funcionan las cosas en nuestra estrategia de liderazgo, pensamientos, percepciones y práctica. El dolor es el nuevo maestro que queremos evitar o deshacernos de él lo más pronto posible, pero en realidad es el mejor instructor que podríamos tener nunca.

El dolor nos enseña cuatro lecciones cruciales (entre muchas otras):

1. SOMOS MÁS DÉBILES, MÁS EGOCÉNTRICOS Y MÁS FRÁGILES DE LO QUE JAMÁS HABÍAMOS PENSADO

Mientras las cosas vayan bien, nos sentimos confiados y en control. Las dificultades y los conflictos, sin embargo, tienen su manera de sacar el lado oscuro a la superficie. De manera instintiva culpamos a otros, hablamos con dureza a personas inocentes, discutimos por las cosas más insignificantes, demandamos hacer las cosas a nuestra manera, nadamos en la autocompasión cuando no nos salimos con la nuestra, y albergamos amargura en lugar de perdonar a quienes nos han ofendido. Quizás nos sentimos totalmente justificados en estas actitudes y conductas, pero si lo permitimos, nuestra nueva comprensión de estas percepciones y actitudes engañosas se convertirá en el punto inicial de arrepentimiento, sabiduría y crecimiento.

2. EN REALIDAD, NO TENEMOS NI IDEA DE LO QUE PASARÁ CON NOSOTROS

Pensábamos que éramos bastante sabios. Suponíamos que estábamos en control. Ejercíamos autoridad sobre nuestro dominio, y nos iba bastante bien, hasta que todo cambió. Nuestra teología puede haber sido precisa a la hora de decir que Dios es el único ser omnisciente del universo, pero algunos supusimos que teníamos algo en nuestro interior que nos permitía saber lo que Dios sabe. ¡Ahora nos damos cuenta de que estamos muy lejos de eso! Nosotros no tenemos ni idea de cómo las situaciones adversas se pueden convertir en algo redentor y hermoso. La experiencia del dolor reduce nuestro orgullo intelectual uno o dos peldaños. De repente, nos damos cuenta de que quizás entendemos solo una millonésima parte de una billonésima parte de una trillonésima parte del plan magnífico que existe para nosotros. En ese punto, tenemos que decidir si confiamos o no en que tenemos un futuro positivo por delante.

3. NOS VOLVEMOS MÁS AGRADECIDOS

Cuando nuestro sentimiento de privilegio se desvanece, vemos todos los dones y bendiciones a través de unos ojos nuevos. En vez de dar por hecho el amor, la salud, el tiempo y las amistades, reevaluamos lo que es realmente importante. Quizás nos damos cuenta de que hemos hecho del éxito de nuestra organización, o del aplauso o poder que viene de él, un ídolo que hemos valorado demasiado. Con corazones debidamente moldeados damos gracias por muchas cosas que son evidencia de que somos bendecidos. Incluso aunque el granero esté vacío, las despensas desnudas y los nativos sean hostiles, podemos dar gracias. Tenemos fe, capacidades, y muchas ganas de salir adelante, y quizás, por primera vez, eso es suficiente.

4. NOS VOLVEMOS MÁS TIERNOS, MÁS COMPRENSIVOS Y MÁS COMPASIVOS

La compasión no sale de un vacío. Es un rasgo de carácter que tiene que ser inculcado en nosotros mediante nuestra experiencia de la bondad de Dios cuando estamos sufriendo. El dolor nos endurece o nos ablanda. Jesús se hizo extraordinariamente blando cuando sufrió voluntariamente humillación, tortura, abandono y muerte para después poder derramar sobre nosotros amor, perdón y aceptación. Deja que el dolor te ablande. Experimenta el consuelo de Dios y después inunda a otros de ternura, comprensión y compasión.

ESCOGER UNA RESPUESTA DISTINTA

El cambio es difícil, pero a veces es absolutamente esencial. No más excusas, no más demoras. Es tiempo de hacer los ajustes que sean necesarios en nuestra planificación intencional y nuestras respuestas a personas y situaciones. El cambio superficial quizás no requiere mucho esfuerzo, pero cambiar nuestra forma de pensar y cómo respondemos instintivamente requiere disciplina, determinación y rendir cuentas. Las variables son interminables, así que no puedo dar una fórmula para el éxito en todas las áreas. Pero me gustaría hacer algunas sugerencias generales que se pueden adaptar a muchas circunstancias. Todas ellas requieren completa sinceridad y una disciplina tenaz para interiorizar principios y practicar nuevas habilidades.

Cuando nos sobrecargamos con estrés interno, puede que necesitemos algo más que una buena noche de sueño y un partido de fútbol para recuperarnos rápidamente. Como demostró el ejemplo de la rama del árbol del Dr. Swenson en el capítulo 3, quizás necesitamos tiempo y espacio para aliviar la presión, y así recuperar gradualmente un estado mental y del cuerpo relativamente normal. El descanso es esencial, pero también tenemos que establecer sistemas para limitar las presiones, y necesitamos habilidades para manejar el estrés con más eficacia. Estos son algunos principios importantes:

- **Define los límites de tu control.** Puedes controlar solo tus pensamientos, decisiones y prioridades. No puedes controlar las conductas y actitudes de otras personas, la economía nacional, o la respuesta de las personas en tu organización.
- **Incluye en tu agenda descanso, tiempo en familia y diversión, y cúmplelo.** Parte de lo que puedes controlar es tu agenda (sí, ¡puedes! Si crees que no, regresa y empieza a leer de nuevo este libro).
- **Asegúrate de hacer algunas cosas que verdaderamente disfrutes.** Todos los trabajos incluyen algo de aburrimiento, pero no dejes que las presiones del trabajo te impidan hacer cosas que te aportan placer dentro o fuera de las obligaciones normales de tu trabajo.

- **Vigila las cosas que te estresan: culpa, perfeccionismo y preocupación.** No está mal ser sincero con las faltas, querer mejorar, y preocuparse de la gente, pero el estrés a menudo es el resultado de excederse con estas cosas buenas. Cuando un exceso de responsabilidad te parece algo totalmente bueno, correcto y normal, es el momento de hacer un cambio.
- **Trata de forma agresiva lo que te produce el mayor dolor en tu vida.** No seas pasivo y no aceptes las cosas como si tuvieran que ser así. Tu familia y tu carrera, y quizás tu vida, están en juego. Identifica las cosas que te hacen estar despierto en la noche, que te provocan un sudor frío o te hacen tener miedo. No debería costarte mucho identificarlas. La parte difícil es crear un plan razonable y factible para abordarlas.
- **Haz un protocolo de intervención para el estrés.** Probablemente no puedas resolver las causas más importantes de estrés en poco tiempo, así que identifica primero las más importantes. Trabaja en ellas mientras estás creando también nuevas habilidades y percepciones sobre lo que significa vivir una vida saludable.

Para caminar en sabiduría a la hora de manejar los desafíos externos, quizás necesites levantar la guardia para ser menos vulnerable a los ataques de las pocas personas malhumoradas que te atormentan.

En un artículo del *New York Times,* el profesor de Stanford, Robert Sutton, comentó: "Una persona desagradable puede hundir a todo un grupo. Eso puede suceder porque los miembros del grupo dedican más energía a lidiar con la manzana podrida y menos energía para la tarea entre manos. Además, la ira y la hostilidad son cosas contagiosas, así que todo el grupo se puede infectar".

Sutton habló con una mujer llamada Ruth que trabajaba en un entorno de oficina particularmente tóxico. Ella aprendió una lección de supervivencia cuando estaba haciendo rafting en los rápidos de California. Cuando se cayó de la balsa, luchar contra la corriente solo le creaba más ansiedad y le hacía sentir menos en control. Decidió aplicar ese principio en las relaciones en su oficina. Siempre que una reunión se volvía hostil, escogía evitar la lucha. De repente, Ruth ya no se veía como una víctima; en cambio, se sentía fuerte y en control. Sutton comentó: "En un lugar de trabajo saludable, involucrarse emocionalmente está bien, pero cuando no puedes escapar de un entorno irrespetuoso, practicar el fino arte de la indiferencia y el desapego puede ayudarte a soportar la arremetida. El desapego también te puede ayudar a sofocar la tentación de responder igualmente, y así evitar alimentar un círculo vicioso de hostilidad".[3]

> Para llegar hasta lo que no eres debes ir por el camino en el que no estás. —T. S. Elliot

La distancia psicológica nos da espacio para responder en vez de reaccionar con temor, dolor o ira. En la comunicación con nuestra plantilla de personal, el equipo de liderazgo, voluntarios, nuestra familia y la persona en la caja del supermercado, tenemos que ajustar el gatillo sensible en nuestras reacciones para ser rápidos, saber oír, ser calmados para hablar y extremadamente lentos para enojarnos.

Intenta entender lo que la gente está diciendo, y busca el mensaje detrás de las palabras. Con mucha frecuencia las palabras incendiarias de una persona son un indicativo de una esperanza o herida más honda. Dedica tiempo a buscar el contenido del corazón de una persona. Haz una segunda o tercera pregunta, ¡por lo menos una primera pregunta! Cuando las personas se sienten comprendidas, es mucho más probable que oigan tu punto de vista sobre las cosas.

Actualmente nos comunicamos mucho mediante correo electrónico y mensajes de texto, pero la intención del corazón a menudo no nos llega digitalmente. Un buen principio es subir al menos un escalón. Si tú normalmente envías un mensaje de texto corto, envía un correo electrónico más largo. Si regularmente mandas correos, haz una llamada de teléfono. Si por lo general llamas por teléfono, pide poder verse en persona. Las relaciones se forjan sobre la confianza, y la confianza no se puede construir cuando los corazones no conectan.

Siempre que sea posible, responsabilízate de tu parte en cualquier malentendido o disputa. Las dos palabras que son vitales para cimentar las relaciones no son "te amo" sino "estaba equivocado". La culpa es instintiva; la confesión y la restauración es algo hermoso, poderoso y purificador; y, tristemente, poco frecuente.

Para identificar la salud de la cultura de una organización (o la falta de ella), recomiendo tener una conversación con final abierto para discutir las siguientes preguntas:

- ¿Quiénes son los héroes? ¿Qué les hace ser héroes? ¿Quién determina quiénes son aquí los héroes?
- Cuando alguien dice: "Cuéntame sobre tu organización", ¿qué historias se cuentan?
- ¿Cuánta participación siente que tiene el miembro del equipo promedio en la dirección y estrategia de la organización?
- ¿A quiénes escuchan los líderes más altos? ¿Cómo consiguen estas personas que los líderes las oigan?
- ¿Cuáles son los rituales importantes? ¿Qué mensaje expresan a quienes están en la organización y los que están fuera de ella?
- ¿A quiénes se recompensa y por qué logros? ¿Qué dicen esos reconocimientos sobre los valores de la cultura?
- ¿Cuál es el nivel de lealtad en la zona alta y en la zona baja del organigrama organizacional? ¿Qué factores construyen lealtad?
- ¿Cuál es el nivel de creatividad y entusiasmo en toda la organización?
- Cuando un observador objetivo pasa una hora viendo a las personas interactuando en las oficinas, ¿qué atmósfera capta esta persona?
- ¿Cómo se toman, se aplazan o se demoran las decisiones?
- ¿Quiénes son las personas poderosas sin posición? ¿Cómo ejercen su autoridad?
- ¿Dónde son más evidentes los problemas de control y las luchas de poder?[4]

Trabaja duro para construir o reconstruir la confianza. Con ella puedes cumplir el mayor de los sueños. Sin ella aplastarás el espíritu de las personas. Es mucho más fácil cambiar a los miembros del equipo y los programas que cambiar la cultura de una organización. Haz las preguntas correctas y sigue haciéndolas. En cada nivel de crecimiento, trabaja duro, comunícate bien, y esfuérzate para producir una cultura saludable. Y recuerda: todo comienza por ti. Si tú no eres saludable, la cultura de tu organización no tiene probabilidad alguna de serlo.

SIEMPRE EXPUESTO

Los líderes, especialmente los pastores, siempre están en el ojo público. Cuando sufren, sus familias lo ven, sus equipos de trabajo lo ven, los miembros de su iglesia lo ven, y a menudo la comunidad está observando cómo manejan la adversidad. Recientemente, mi amigo Michael Pitts fue diagnosticado de cáncer de próstata y tuvieron que operarlo. Él era consciente de que estaba haciendo una demostración pública de cómo estaba manejando su dolor privado. Está en la televisión semanalmente, y me pidió que lo ayudara a saber cómo ser vulnerable de manera apropiada pero también continuar siendo una voz de esperanza.

El dolor puede llegar por cualquier causa: un hijo arrestado, enfermedad, rebeldía en el equipo, problemas económicos, pecado personal, traición u oposición de amigos de confianza. En cada caso, tienes que descubrir qué es apropiado compartir y qué se tiene que mantener en privado, cuánta información es demasiado y cuánto es demasiado poco, cómo ser sincero sin llegar a ser neciamente vulnerable, y cómo infundir en la gente esperanza sin ser superficial.

Los líderes en las empresas y la iglesia deben tener mucho cuidado para evitar expresar ira en arenas públicas. En cambio, habla del dolor que hay debajo de esa ira. La gente se puede identificar con eso, y te respetarán más por enmarcarlo como dolor molesto o intenso. Aduéñate de tu responsabilidad por el problema y ten el valor y la humildad de decir "lo siento" sin culpar a otras personas por lo que a ti te corresponde. Los líderes humildes son líderes atractivos. Los líderes enojados y arrogantes puede que dominen con eficacia, pero no construyen una confianza duradera. Finalmente, sus reinos se derrumban ante ellos.

Para los líderes, la privacidad perfecta es un sueño imposible. Sufren en privado; pero también sufren inevitablemente en público. Necesitan sabiduría para saber cómo hacerlo.

Y RECUERDA:

SOLO CRECERÁS HASTA EL UMBRAL DE TU DOLOR.

8

EL PRIVILEGIO DEL LIDERAZGO

Liderazgo es la elevación de la visión de un hombre hacia vistas más altas, levantar el desempeño de un hombre hacia una norma más elevada, construir la personalidad de un hombre más allá de sus limitaciones.

—Peter Drucker

LISA BEVERE, MESSENGER INTERNATIONAL, COLORADO SPRINGS, CO

Recientemente me encontraba viajando en un avión junto a un brillante caballero de unos ochenta años. Por muchas décadas fue consultor en organizaciones tan diversas como el Hospital Johns Hopkins y el Departamento de Defensa estadounidense. Incluso a su avanzada edad seguía siendo muy solicitado, y era orador en cumbres de liderazgo y mantenía asientos en prestigiosas juntas directivas. No pasó mucho tiempo antes de que me encontrara enredada en historias de una carrera larga y exitosa.

Le pregunté al hombre cuáles eran algunos de los elementos más esenciales del crecimiento y el éxito. Él respondió, sin ninguna duda, *la implicación de las mujeres.*

Explicó que si una empresa con la que realizaba consultoría no tenía mujeres en su junta directiva, o no tenía participantes femeninas en su seminario, le daba dos opciones. Los invitaba a escoger a algunas de sus mujeres más brillantes, y les daba consultoría gratuitamente. Si declinaban la oferta, él se negaba por completo a dar consultoría a la empresa.

Cuando le pregunté por qué era tan firme en este punto, me aseguró que las mujeres tienen un talento innato para cosas que a muchas organizaciones les falta, y sin embargo necesitan, para avanzar con confianza hacia el futuro, siendo tres de ellas intuición, comunicación y compasión. Demasiadas mujeres no participan en áreas de liderazgo que las necesitan desesperadamente.

Mis experiencias en el liderazgo eclesial han sido bastante contrarias a las experiencias de este hombre en el mundo empresarial. Recuerdo un incidente en el que mi esposo, John, me invitó a formar parte de una reunión con varios líderes de iglesias. Cuando llegué, descubrí que yo era la única mujer presente.

Aunque el grupo sabía que yo estaría allí, mi presencia se encontró con una hostilidad casi manifiesta por parte del anfitrión. Desde el inicio hizo todo lo posible para invalidar mi aportación con comentarios condescendientes, fuertes suspiros, y elevando las cejas.

Cualquier comunicación que tuviera que ver con nuestra organización era dirigida singularmente a John. John seguía fomentando mi participación, diciendo: "Me gustaría que Lisa comentara sobre esto". Pero si yo hablaba, era totalmente ignorada.

Una señal muy clara fue enviada a los presentes: *Lisa puede que esté en esta sala, pero no será reconocida.* John intentó incluirme, pero yo no volvería a formar parte de la mezcla.

Tras la reunión, otro líder intentó consolarme: "Bueno, es que él no procesa las cosas con mujeres".

¿Qué hay que decir a eso? ¿"Lo siento por ser mujer"?

John también estaba incómodo con lo sucedido, pero yo quería evitar un conflicto mayor. Cuando John planteó sus dudas, yo me hice eco del comentario del asociado: "Está bien. Es que él no procesa las cosas con mujeres... pero me alegra que tú sí lo hagas".

Allí decidí que John asistiría sin mí a todas las futuras reuniones. Yo era un obstáculo para el proceso. Pero aunque no estaba dispuesta a seguir con ese problema, la reunión había hecho sonar una alarma en mi espíritu.

Pasó el tiempo, y oí que otras mujeres que no sabían nada de mi encuentro compartían experiencias similares con ese líder. Comencé a preguntarme por qué él consideraba a las mujeres como un obstáculo. ¿Por qué sentía él que su aportación era innecesaria? ¡Fue Dios quien dijo que no era bueno que el hombre viviera la vida sin la voz de la mujer!

Siguió pasando el tiempo y, tristemente, la organización de ese líder se desmoronó. Se descubrió que él tenía muchos conflictos en su vida personal, lo que causaba que limitara la aportación de las mujeres en su mundo. Como yo no sabía eso, me retiré y anulé mi participación en un proyecto que habría sido enriquecido por mi voz. Aprendí algunas lecciones valiosas de ese incidente.

No es personal. Albert Einstein afirmó: "Ningún problema puede resolverse al mismo nivel en el que se encuentra". No se me ocurre nadie más que pudiera haber afirmado eso con más claridad o autoridad. Einstein era un físico brillante y un genio de la lógica, pero era más poderoso en su enfoque de las teorías. Él entendía que las apariencias naturales podían estar muy limitadas.

En mi conflicto con este líder, un intento por resolver el problema en el nivel donde lo encontré podría haber significado indignación ante la falta de respeto. Yo podría haber forzado mi participación y demandado un trato igualitario. Pero lo cierto es que... yo nunca fui realmente el problema.

Mi error fue hacer que el conflicto fuera personal y retirarme. Cuando personalizamos lo que necesita cambiar, hacemos que se trate de nosotros en lugar de tratarse de la necesidad de una solución duradera. Tomar las cosas personalmente nos roba la perspectiva que necesitamos para avanzar.

Las mujeres son necesarias en la mezcla del liderazgo. Sería más fácil para nosotras retirarnos, pero ¿qué estaríamos edificando para las mujeres que vienen detrás? Yo decidí aceptar el dolor temporal para abrir sendas para otras.

A menudo se celebra a los hombres que son fuertes o testarudos, mientras que no se hace lo mismo con mujeres con las mismas características. En lugar de ser consideradas seguras de sí mismas, son vistas como agresivas y controladoras. Esto raras veces es preciso, pero así es el mundo en este momento. Podemos enfurecernos contra ello, o podemos construir un mundo mejor elevándonos por encima del prejuicio y sobrepasando las expectativas.

Yo he desperdiciado demasiado tiempo y energía intentando dar sentido a lo que no lo tiene... y tú también lo has hecho. Debemos decidir que esos tiempos han terminado. Hijas, enfrentarán problemas y conflictos, y quizás sean tentadas a tomarlos de modo personal. Les imploro que luchen contra esa tentación. Yo aprendí que cada paso que di hacia atrás creó un embudo para otros.

Llamado al cambio: por años, nuestra organización se llamó John Bevere Ministries, y nuestra junta directiva estaba formada por cuatro hombres y yo. Entendí en mi corazón que nuestro nombre estaba vinculado a un individuo, no a nuestra función; limitaba nuestra capacidad para ampliarnos y no creaba ninguna senda para el legado espiritual. Propuse que cambiáramos el nombre por el de Messenger International, y cada año la junta desestimaba la sugerencia.

"¿Por qué no estás contenta con servir bajo el nombre de tu esposo?".

"¿Te avergüenza llevar el nombre de John?".

Cuando yo no estaba, miembros de la junta sugerían que John no estaba en control de su esposa.

Había dos dinámicas en juego. En una reunión de la junta, yo no me relacionaba con John como su esposa sino como un miembro de la junta que respondía a la organización. El problema llegaba con la segunda dinámica: los otros miembros decidieron que yo solo estaba en la junta por defecto, porque era la esposa de John.

Esto continuó por años. Cada año yo sacaba el tema; cada año ellos lo tumbaban. El nombre cambió solamente cuando un contador sin fines de lucro sugirió que sería mejor.

Al principio pensé: ¿De veras? ¿No va a atacar la junta el carácter de este hombre? Pero entonces entendí... ¡había llegado el cambio! Yo no quería sabotear lo que había esperado ver por tanto tiempo al enojarme por cómo se produjo.

Eso sucedió hace casi diez años atrás. Nuestra junta ahora incluye a otras mujeres, y ya no vemos ese tipo de problemas.

Avance: la demografía del liderazgo está cambiando en todos los frentes. Podemos ser parte de ese cambio o enojarnos porque no sucedió antes. No te quedes en el pasado; te necesitamos para que seas parte de avanzar las cosas.

Las siguientes, son algunas cosas que he aprendido por el camino difícil:

> No te preocupes tanto por ser escuchado, ya que podrías quedarte sin escuchar a los demás. Las personas prestan mejor sus oídos cuando saben que ellas también han sido escuchadas.
>
> No hagas que sea difícil para los demás escucharte. Plantea tu perspectiva con respeto.

No te vuelvas negativo y temeroso.

Sé objetivo, pero no bajes el nivel de tu intuición.

Si soportas el dolor de ser malentendido, mal representado y juzgado equivocadamente, ¡la década siguiente será mejor para todos!

Adaptado en parte de *Nurture: Give and Get What You Need to Flourish* (FaithWords, 2008).

Una buena parte de este libro señala las complejidades y dificultades que existen en el papel de liderar una organización. No estoy ahora minimizando esas presiones, desafíos y dolores, pero voy a sugerir que gestionar las causas del dolor del liderazgo es solo parte de la solución. Solamente podemos elevar el umbral de nuestro dolor si *profundizamos la gratitud* en nuestro corazón. A veces tenemos que sobreponernos a algún pensamiento erróneo sobre nuestra conexión con Dios y las expectativas fallidas que provienen de ese pensamiento.

Un corazón con gratitud es la respuesta apropiada a nuestra percepción de generosidad y bondad que se nos muestra. En su libro *Finding God* [Encontrando a Dios], el psicólogo Larry Crabb observa que muchos de nosotros pensamos de Dios como "un camarero especialmente atento".[1] Cuando obtenemos de Él un buen servicio, le damos una buena propina de alabanza. Cuando no obtenemos lo que queremos, nos quejamos. ¿O confiamos en que el Señor soberano del universo podría saber más de lo que sabemos nosotros sobre cómo debería funcionar el mundo? ¿Hemos experimentado suficiente de su gracia y su grandeza para convencernos de tener una fe ambivalente, confiando en que

Él usará tanto las bendiciones como los sufrimientos para producir sabiduría, fe, carácter y esperanza en nosotros? Dar gracias a Dios por su amor, poder y sabiduría, a pesar de cómo o dónde nos dirija Él, renueva nuestra esperanza, aligera nuestra carga, y pone acero en nuestra alma.

> La autoridad por la cual lidera el líder cristiano no es poder, sino amor; no es fuerza, sino ejemplo; no es coerción, sino persuasión razonada. Los líderes tienen poder, pero el poder es seguro solamente en las manos de quienes se humillan a sí mismos para servir.
>
> —John Stott

FARISEOS MODERNOS

Normalmente vemos con muy malos ojos a los fariseos. Ellos se opusieron a Jesús en cada ocasión y tramaron matarlo. Pero si entendemos correctamente la cultura judía del primer siglo, vemos que eran buenos tipos. Cuando los romanos ocuparon Palestina, los fariseos defendieron las tradiciones y las Escrituras. Cuando Jesús ofreció gracia a todos los pecadores, incluidos los marginados e inadaptados, a quienes los fariseos nunca invitaban a una cena, los líderes religiosos se escandalizaron. Mientras más hablaba Jesús del amor, de un corazón cambiado de modo sobrenatural y de ocuparse de los pobres, más lo detestaban los fariseos. Ellos llegaron a la conclusión de que Jesús amenazaba su sensación de control, lo cual es irónico, porque los romanos eran quienes realmente tenían el control. Los fariseos vivían bajo una ilusión.

Podrías reconocer lo que estoy insinuando y protestar con vehemencia: "¡Estoy seguro de que no soy un fariseo! Pero Jesús podría plantearnos algunas preguntas incómodas:

- "¿Mides tu valía por los números que tuviste la semana pasada?".
- "¿Estás más comprometido con tu organización o con tu familia?".
- "¿Se quebranta verdaderamente tu corazón por los pobres y quienes sufren?".
- "¿Oras más en público que en privado?".
- "¿Intentas ganarte el respeto de la gente pero albergas secretos con tu cónyuge, tus amigos, o incluso contigo mismo?".
- "¿Te estás perdiendo demasiado de las vidas de tus hijos?".

El orgullo se muestra de dos maneras muy diferentes. *Superioridad* es la suposición de que sabemos cómo debería funcionar la vida y estamos haciendo que suceda. La *inferioridad* está basada en la misma suposición inicial, pero con la conclusión contraria: nosotros no podemos hacer que funcione, de modo que somos unos fracasados colosales. Al instante sabemos que superioridad no es humildad, pero a veces confundimos la inferioridad con un corazón humilde. No lo es. Una persona verdaderamente humilde no se siente impulsada a derribarse a sí misma. Sabe que tiene profundos defectos; de hecho, es brutalmente sincera sobre sus limitaciones, pero también está convencida de que hay una gracia que le permite dejar lo malo atrás. Es libre de la atadura de defenderse a sí misma o demostrar lo que vale. Está por encima de las tentaciones del elogio y de los estragos de la culpabilidad.

PEDRO DEBERÍA SABERLO

Pocos líderes han caído tan estrepitosamente, o tan públicamente, como Pedro. Cuando Jesús les dijo a los discípulos que iba a ser arrestado, acusado falsamente, enjuiciado y ejecutado, Pedro anunció con valentía para que todos lo escucharan: *Por ti daré hasta la vida* (Juan 13:37). Solamente unas horas después, algunas personas que se calentaban las manos en una hoguera preguntaron a Pedro si había estado con Jesús, y tres veces él negó conocerlo. Cuando Jesús lo miró a los ojos poco después de aquello, Pedro quedó devastado. Lloró amargas lágrimas de vergüenza y tristeza.

Una de las conversaciones más conmovedoras en la Biblia se produjo poco tiempo después de la resurrección. Pedro y algunos otros habían salido a pescar. Temprano en la mañana no habían pescado ni un solo pez. Un hombre en la playa les dijo que volvieran a echar las redes, y atraparon una gran cantidad de grandes peces. Al instante, Pedro supo que era Jesús quien estaba en la playa; saltó de la barca y fue nadando hacia Él.

Jesús había preparado el desayuno para ellos. En su relato, Juan establece el punto de que Él cocinaba pescado sobre unas brasas. Cuando Pedro se acercó, el olor del fuego le recordó la noche del arresto, el momento de su mayor pecado, su vergüenza más profunda, y su traición a Aquel a quien había profesado una lealtad completa. Entonces Jesús le preguntó tres veces: "¿Me amas?". Las preguntas debieron atravesar el corazón de Pedro como si fueran un cuchillo desafilado. El olor a brasas y ahora las palabras lo forzaron a confrontar la oscuridad más profunda en su vida. Pero Jesús no estaba siendo cruel; estaba siendo riguroso, pero amable. Este momento doloroso y tierno fue el punto de inflexión en la vida de Pedro; después de todo, él ya no era solamente palabras. Cuando habló sobre la maravilla del perdón de Dios, hablaba desde la experiencia. Cuando habló sobre el privilegio de servir a Jesús, provenía de las profundidades de un corazón perdonado y agradecido.

Las cartas de Pedro fueron escritas a personas que eran extranjeras, que habían sido dispersas por la persecución. ¿Qué necesitaban escuchar? ¿Qué necesitaban sus líderes para poder liderar durante un tiempo de dolor y confusión? Pedro dio a la gente una nueva sensación de identidad fundada sobre la gracia, y no sobre su desempeño o sus circunstancias agradables. ¿Puedes imaginar cómo las palabras de Pedro hicieron sentirse y pensar a los exiliados acerca de su papel en el reino de Dios? Les recordó que todo se trata de la gracia, y que el dolor no puede disminuir su identidad y responsabilidad.

Cerca del final de una de sus cartas, Pedro se dirigió a los líderes de la iglesia exiliada. En primer lugar, les recordó que examinaran cuidadosamente sus motivos ocultos en el ministerio. Control, poder y avaricia son tentaciones para todo líder, pero sinceridad, arrepentimiento y servicio amoroso recibirán una recompensa. Para los líderes siempre habrá una lucha contra los valores de nuestra cultura y nuestra naturaleza pecaminosa. No podemos permitirnos seguir la corriente.

Pedro termina su enseñanza a estos líderes con otro recordatorio de que lo que vemos en este mundo no es todo lo que hay. Una fuerte esperanza para el futuro nos da fortaleza para enfrentar el dolor en el presente.

Si Pedro puede elevar el umbral de su dolor, también podemos hacerlo nosotros.

Necesitamos una perspectiva muy diferente del dolor, cualquiera que sea su causa. Agotamiento, sentirnos con derecho, y la autocompasión, erosionan nuestro umbral de dolor, pero un nuevo sentimiento del privilegio de la gracia lo eleva hasta el cielo. Y con eso, estamos seguros. Y con eso, podemos soportar.

> Dentro de veinte años estarás más decepcionado por las cosas que no hiciste que por las que sí hiciste. De modo que suelta la soga. Aléjate del puerto seguro y navega. Agarra el viento en tus velas. Explora. Sueña. Descubre. —Mark Twain

Has de estar seguro de esto: cuando sufres los dolores del liderazgo, las personas en tu negocio u organización sin fines de lucro te miran; confían en ti. Tu familia que te ve cuando no estás en tu mejor momento, confía en ti. Sin importar cuál sea la fuente de dificultades que soportes, estás situado en esa posición para mostrar su bondad, sabiduría y poder en medio de tu sufrimiento.

> Descubrimos que para que los líderes hagan algo grande, su ambición tiene que ser de la grandeza del trabajo y de la empresa, y no de sí mismos.
>
> —Jim Collins, *Empresas que sobresalen*

Ester es un personaje extraordinario de la Biblia que todo líder debería conocer. Se convirtió en reina de un país extranjero. Cuando su primo mayor, Mardoqueo, se enteró de un complot para exterminar a los judíos, se dio cuenta de que Dios había situado estratégicamente a Ester en ese lugar *exacto* en ese momento *exacto*. Comprensiblemente, ella dudó en hablar al rey para intentar convencerlo de que cambiara de opinión. Estaba arriesgando su vida; pero Mardoqueo le hizo una advertencia de que no pasara por alto esa oportunidad: *No te imagines que por estar en la casa del rey serás la única que escape con vida de entre todos los judíos. Si ahora te quedas absolutamente callada, de otra parte vendrán el alivio y la liberación para los judíos, pero tú y la familia de tu padre perecerán. ¡Quién sabe si no has llegado al trono precisamente para un momento como este!* (Ester 4:13-14).

Cuando tenemos dolor, quizás no parezca un gran privilegio en ese momento y ese lugar, pero Dios mismo nos ha nombrado, empoderado, y situado "para un momento como este". Él confía en que soportaremos con gracia. El momento del dolor, entonces, es un punto de elevado honor que se gana mediante fidelidad, eficacia, reputación y carácter demostrado. Las personas nos observan. Es una oportunidad increíble. No nos atrevamos a perderla.

Y RECUERDA:

SOLO CRECERÁS HASTA EL UMBRAL DE TU DOLOR.

9

EL PODER DE LA TENACIDAD

En la línea arbórea donde las tormentas golpean con más furia, se encuentran los árboles más robustos.
—Hudson Taylor

El hockey es para tipos duros. Grandes palos en la cara, golpes del cuerpo contra los laterales, duras caídas, peleas, perder dientes, y múltiples cortes y heridas. Y eso es un partido normal. Muchos seguidores sonríen cuando escuchan el comentario común y malvado: "Fui a una pelea y surgió un partido de hockey". Los cronistas deportivos Jeff Klein y Stu Hackel catalogaron el dolor que sufrieron los jugadores en los Sharks de San José durante las eliminatorias de 2011:

> Joe Thornton, el capitán de los Sharks y mejor jugador, esquió en el último partido [de las eliminatorias] con un hombro gravemente desplazado que requería cirugía. Jugó todas las eliminatorias con un meñique roto, que repararon mediante cirugía el jueves. La punta del

dedo estaba flotando, y eso forzó a Thornton a ajustar el agarre de su palo, agravando un problema de muñeca.

Dan Boyle, el principal defensa del equipo, jugó desde mitad de marzo con un esguince de ligamento colateral medio en una rodilla, una lesión que normalmente requiere seis semanas para curarse...

El delantero Ryane Clowe, un jugador clave, sufrió un desplazamiento de hombro en la segunda vuelta contra Detroit. Se perdió un partido, pero regresó... Necesitó ayuda para quitarse su camiseta, y que un entrenador le atara los esquís.

El alero Dany Heatley... jugó con una mano que se había roto durante la temporada... También soportó un esguince de tobillo.

Para estos jugadores y su entrenador, la esperanza de ganar la Copa Stanley les dio una voluntad de hierro para soportar el dolor. Su entrenador estaba contento con su esfuerzo, y el mánager general, Doug Wilson, no esperaba nada menos. Se puso filosófico acerca de jugar con las lesiones: "¿Vaciamos nuestro tanque y quedamos susceptibles a las lesiones porque no nos dimos a nosotros mismos ningún margen de error? La lección era jugar incluso más duro desde el inicio de la nueva temporada. Tenemos que estar preparados desde el día 1 el próximo año", concluyó.[1]

HAY QUE SUPERARLO

Los deportistas que participan en deportes de resistencia, como carreras de larga distancia, ciclismo y natación, entienden que la tenacidad en lo más profundo es tan importante como el talento en bruto. Mary Wittenberg, presidenta y directora general de los Road Runners de Nueva York, la organización que patrocina el maratón de la ciudad de Nueva York, identificó el secreto de los corredores de maratón exitosos: "Tenacidad mental, y la capacidad de gestionar e incluso prosperar en el dolor y a través de él, es un separador clave entre los mortales y los inmortales en las carreras". Ella describía a corredores que llegan a la línea de meta con la saliva corriendo por sus caras. "Tenemos toallas en la línea de meta de la maratón para limpiar la saliva en las caras de los corredores. Nuestro equipo creativo algunas veces tiene que retocarla en las fotos de las carreras que queremos utilizar para campañas publicitarias".[2]

Tom Fleming, dos veces ganador de la carrera y ahora entrenador, describía su mentalidad en las carreras. "Se me dio un cuerpo que podía entrenar cada día, y una mente, una mentalidad, que creía que si entrenaba cada día, y podía entrenar cada día, batiría a los demás. La mentalidad era que yo haría todo lo necesario para ganar. Estaba totalmente dispuesto a soportar el peor dolor. Estaba totalmente dispuesto a hacer todo lo necesario para ganar la carrera".[3]

Los médicos deportivos han analizado la tenacidad de los mejores corredores de maratones. El Dr. Jeroen Swart, que trabaja para el Instituto de Ciencias Deportivas de Sudáfrica, concluyó: "Algunos piensan que los deportistas de élite tienen las cosas fáciles", pero eso es una suposición equivocada. "Nunca se vuelve más fácil cuando tu tiempo mejora. Te duele lo mismo". Aceptar la realidad del dolor generalizado, explicaba él, conduce a expectativas más realistas y tiempos más rápidos: "Saber aceptar [la realidad del dolor] permite a las personas mejorar su desempeño".[4]

Durante puntos en las carreteras cuando el dolor es más intenso, algunos corredores tienden a disociar, intentan distraerse del dolor pensando en otra cosa. Esta estrategia parece funcionar durante un tiempo, pero tarde o temprano chocan contra un muro mental que obstaculiza su eficacia. Como contraste, descubrió el Dr. Swart, los mejores deportistas de larga distancia se concentran aún más intensamente en su carrera, ciclismo o natación cuando experimentan un dolor atroz. Él concluía: "Nuestra hipótesis es que los deportistas de élite son capaces de motivarse a sí mismos continuamente; así como atravesar la tormenta entre esforzarse demasiado, y no terminar, y desempeñarse por debajo de su capacidad".[5]

Los mejores de esos atletas no evitan el dolor; lo superan y lo dejan atrás.

CERCA DE CASA

El dolor que experimentamos puede estar causado principalmente por los golpes y heridas infligidos por otras personas, por nuestro deseo de llegar más alto, o puede provenir de una fuente más cercana: nuestras familias.

El reverendo Jesse Jackson ha sido un león del movimiento por los derechos civiles. Trabajó muy de cerca con Martin Luther

King Jr., habló con elocuencia a favor de la igualdad racial en los Estados Unidos, e hizo campaña para la nominación presidencial demócrata en 1984 y 1988. En años recientes, la lucha de Jackson se ha trasladado más cerca de casa. Su hijo, Jesse Jr., fue destituido de su escaño en el Congreso estadounidense como resultado de una investigación del exgobernador de Illinois, Rod Blagojevich. Los investigadores destaparon evidencias de que el joven Jackson pudo haber estado implicado en pagar a Blagojevich para que lo nombrara para ocupar el escaño en el Senado que dejó libre Barack Obama, después de las elecciones de 2008. Pero Jackson no fue acusado de nada en el caso Blagojevich; más adelante renunció a causa de problemas de salud mental y también por otras dos investigaciones federales. Finalmente fue hallado culpable de malversación de fondos de campaña y sentenciado a treinta meses de cárcel, y se le ordenó devolver 750 000 dólares que había gastado en objetos personales.[6]

Durante esta saga larga y difícil, el anciano Jackson se sintió profundamente turbado. "Mi corazón arde", relataba. "Como siempre les digo a mis hijos, los campeones tienen que jugar con dolor. No puedes salir del campo porque te duela".[7]

Con perseverancia llegó el caracol al arca.

—Charles H. Spurgeon

Para Seth Barnes y su esposa, Karen, el sufrimiento personal en su familia no era por la política. Cuando su hija Leah era una niña, sufrió una infección de oído crónica y muy dolorosa. La enfermedad afectó su capacidad de oír, de modo que le resultaba difícil conectar con familiares y amigos. Unos años después surgieron otros problemas: no se le había formado completamente el paladar, y también tenía dificultades para hablar al igual que discapacidades de aprendizaje. Entonces, cuando era adolescente, Leah comenzó a tener convulsiones. Seth escribió: "Nosotros, como padres, hemos llevado las cargas de las esperanzas hechas añicos, a la vez que intentamos suplir todas las necesidades especiales. Yo no tengo ninguna respuesta para ella cuando veo su corazón roto porque otras personas tienen amigos y ella no los tiene. Cuando me mira con ojos que dicen: 'papá, no es justo', no tengo ninguna respuesta para ella".

En muchos momentos en este viaje, Seth y Karen entendieron que tenían una decisión que tomar: cerrar los puños e incubar un espíritu vengativo, o decidir confiar en Dios, "sabiendo que de algún modo Él lo redimirá". En lugar de disociar (ignorar el dolor, participar en distracciones interminables, o culpar a todo y a todos), Seth y Karen concluyeron que no tenían ninguna otra opción sino confiar.

Finalmente, a Seth, Karen y Leah les llegó una imagen de amor, gozo y esperanza. Leah fue a un baile para jóvenes con necesidades especiales. Mientras bailaban con todas sus fuerzas, Seth vio algo hermoso: "Si mirabas atentamente, por un segundo juro que se podía ver a Jesús bailando en medio de todos ellos".[8]

NEGARNOS A ABANDONAR

Cuando estamos en medio del dolor observamos rápidamente la situación por defecto que hay en el corazón humano: huir, culpar, aliviar el dolor con la ocupación, o actuar como si no pasara nada. Para perseverar, necesitamos una visión del futuro que sea más grande que nuestro dolor. Quizás no la vemos claramente, y tal vez no nos guste el proceso de llegar hasta ahí, pero tenemos que estar convencidos en las profundidades de nuestro corazón de que soportar el dolor valdrá la pena algún día. Esta confianza nos permite elevar el umbral del dolor para así poder responder con valentía y esperanza.

El pastor, presentador y autor Bob Gass identifica cuatro características principales de las personas resistentes:

1. **Toman el control de sus vidas.** En lugar de emplear energía intentando culpar a los demás o esperando que otros los rescaten. Quizás quieran abandonar, pero no lo hacen. En cambio, miran el pasado y piensan en cómo manejaron la adversidad antes, y miran al presente con una mirada clara como quienes resuelven problemas.
2. **Se rodean de las personas adecuadas.** Quizás nos hemos criado en una familia adicta, abusiva o en desamparo, pero podemos tomar decisiones en el presente de emplear tiempo con personas que viven en la verdad y tienen esperanza para el mañana.
3. **Permiten que su dolor estimule el crecimiento en lugar de derrumbarse en la autocompasión.** Incluso cuando una meta en la vida está totalmente bloqueada por la enfermedad o cualquier otra causa, las personas resistentes encuentran una puerta abierta cuando otros solamente ven la que está cerrada. Se invierten a sí mismos creativamente en una nueva aventura, que a menudo se enfoca en ayudar a otros que están

experimentando dolor por sufrimientos parecidos, ya sean físicos, emocionales o relacionales, y marcan una diferencia.

4. **Insisten en cambiar lo que pueden y no preocuparse por el resto.** Para las personas resistentes, los encuentros con el dolor les permiten cribar sus responsabilidades y prioridades. De repente, muchas cosas que parecían importantes ya no están en lo más alto de la lista de quehaceres. Pero otras cosas, como personas que aman y una causa que pueden defender, están ahora en lo más alto.[9]

EL PROCESO NECESARIO

Wayne Cordeiro escribió un libro revelador y desafiante, *Zarandeados: Cómo crecer a través de las pruebas, los desafíos y las desilusiones*. Insistía en que todos los cristianos, especialmente los líderes, atraviesan un proceso necesario de zarandeo. Lo identificó de este modo: "El proceso de zarandeo, llegando a ese momento en que ya no nos quedan fuerzas, es como Dios edifica nuestra fe. Es un proceso que forma nuevo carácter, derriba viejas perspectivas y pone verdad nueva en su lugar. Son descartados hábitos anteriores y se abandonan tendencias erróneas".[10]

El fracaso no es el fin del mundo, es el inicio de una nueva oleada de perspectiva, creatividad y eficacia, pero solamente si prestamos atención y aprendemos las lecciones que tiene para nosotros. Cordeiro explicaba:

> Lo cierto es que *fracasaremos*. Simplemente no tendremos lo necesario al comenzar. Quizás tengamos el

> llamado, el celo, la energía y el apoyo. Incluso podríamos tener la ubicación, la invitación, e incluso el dinero. Pero cuando comenzamos no tendremos lo necesario para terminar. "¿Qué es eso?", podrías preguntar. Lo que falta es ese núcleo central, la fuerza tensora de la fe que se revela solamente bajo presión. Es una cualidad de carácter que es probada no en el puerto sino en mar abierto. Y es esta prueba la que ratifica tu llamado... Es algo que puede adquirirse solamente mediante el fracaso, aprendiendo nuestros límites, y aprendiendo a confiar no en nosotros mismos sino en el Dios que nos ha llamado.[11]

Mientras veamos el fracaso, el estrés y las dificultades como intrusos, no permitiremos que nos enseñen, nos moldeen y nos fortalezcan. Cuando esperemos que el dolor en nuestra vida sea usado para zarandearnos, podarnos y edificarnos, tendremos la tenacidad necesaria para soportar los tiempos difíciles.

> Como piensas cuando pierdes determina cuánto tiempo pasará hasta que ganes. —G. K. Chesterton

SIN LAMENTOS

Los grandes deportistas saben que tienen que invertir todo en su deporte. Cada decisión que toman sobre alimentación, sueño, entrenamiento y relaciones pasa por el tamiz de la toma de decisiones. Si somos líderes cristianos, el tamiz del ministerio a veces nos hace mirar más profundamente a lo que realmente valoramos. Quizás nos damos cuenta de que parte (tal vez mucho) de lo que parecía muy importante es superfluo y probablemente sea perjudicial para lo que Dios quiere hacer realmente en nuestra vida. Dios a menudo usa las dificultades para aclarar nuestro propósito, purificar nuestras motivaciones, y darnos una sensación de dirección más clara.

J. R. Briggs recibió una petición: le pidieron que fuera el posible pastor sucesor de una iglesia grande cerca de Filadelfia. Durante su primer año predicó varias veces a la congregación de tres mil personas. Un domingo, mientras regresaba a su oficina entre los servicios, se acercó a él una pareja y le dijeron: "Sabemos que usted va a ser el próximo Andy Stanley".

De repente, ¡la barra de las expectativas fue elevada sobrepasando el tejado!

Unos meses después, el pastor se vio forzado a dimitir bajo la sombra de la sospecha. Como J. R. era el contratado del pastor, los líderes laicos de la iglesia sospecharon de él. Durante su tiempo en la iglesia se dio cuenta de que ser el pastor de una megaiglesia no era lo mejor de Dios para él. Pidió a los líderes de la iglesia que lo bendijeran mientras trazaba el rumbo para establecer una iglesia nueva, pero en lugar de una bendición, le ordenaron que no estableciera ninguna cerca de la ciudad. J. R. reflexionó sobre el momento en que dimitió y se fue: "Me fui del equipo de la iglesia dos años después de la fecha de mi contratación. Ese periodo de nuestras vidas podría resumirse con una sola palabra: pérdida. Caí derribado al piso luchando por la soledad y la desesperación. Sentí que mi alma era apaleada, lanzada al callejón trasero y abandonada allí para morir".

J. R. recaudó los fondos suficientes y encontró a personas interesadas lo suficiente para comenzar una iglesia nueva de unos cuarenta adultos. Algunas personas lo acusaron de malgastar sus talentos, y otras dijeron que era una mala administración dejar una iglesia de tres mil miembros para ministrar solamente a cuarenta. Y la antigua iglesia no lo dejó tranquilo. Durante más de un año estuvo recibiendo correos amenazantes.

Establecer la nueva iglesia no alivió la insistente sensación de pérdida. J. R. recordaba: "Mi fracaso ministerial percibido había creado una cárcel virtual que me dejó viviendo en una celda estrecha. Estaba sufriendo claustrofobia espiritual".

J. R. entendió que su sendero conducía solamente a más oscuridad espiritual, emocional y relacional, de modo que encontró un consejero que le proporcionó perspectiva y esperanza. Él sabía que la respuesta normal a la amenaza es lucha o huida. ¿Había una tercera manera y más productiva de responder al fracaso? Gradualmente comenzaron a aparecer nuevas perspectivas; o, más probablemente, viejas verdades que habían parecido irrelevantes ahora parecían vibrantes y nuevas. En lugar de huir y pelearse con la gente (o viceversa), J. R. comenzó a verse a sí mismo como un hijo amado, perdonado y aceptado:

> Ten buen ánimo. No pienses en los fracasos del presente, sino en el éxito que pueda llegar mañana. Has establecido para ti una tarea difícil, pero tendrás éxito si perseveras; y encontrarás un gozo en vencer los obstáculos. Recuerda: ningún esfuerzo que hagamos para alcanzar algo hermoso queda perdido.
>
> —Hellen Keller, *The Story of My Life*

El momento del fracaso, observaba Briggs, es un punto de inflexión: tiene la capacidad de transformar o destruir. A medida que continúa aprendiendo esta lección, Briggs ha experimentado cada vez más la paradoja de la fe: se está haciendo más fuerte y más humilde, valiente pero en paz, sincero y a la vez compasivo. Aunque ahora está cómodo en su papel como el pastor de una iglesia pequeña, regresan ocasionalmente a los rincones oscuros de su mente preguntas sobre su valor como pastor de iglesia pequeña. Pero ahora tiene una respuesta: "Cuando mi corazón susurra esas preguntas, me recuerdo a mí mismo que mi identidad y valía, como pastor y como persona, no están ligadas a lo que hago o al tamaño de mi congregación. No están ligadas a cuánta palanca o influencia piensan los demás que poseo. Solamente se basan en una cosa. Soy un hijo querido del Rey".[12]

Puedo identificarme con la experiencia de J. R. Antes de comenzar a aprender las lecciones de la tenacidad, *sobrestimaba* mucho lo que Dios quería hacer a corto plazo, y *subestimaba* mucho lo que Dios quería hacer a largo plazo. En la actualidad tengo una perspectiva más de largo plazo, que me da "paz como un río" cuando las pruebas "llegan a mi camino, cuando las tristezas como olas llegan".

MÁS DISTANCIA, MÁS PROFUNDO

Nuestra perspectiva sobre el mañana afecta radicalmente cómo respondemos al presente. La miopía espiritual nos permite ver solo lo que está delante de nosotros, y a menudo somos alarmados; pero la esperanza nos da valentía para enfrentar cualquier calamidad o molesta dificultad. El proceso comienza aquí y ahora.

> Hay dos dolores en la vida: el dolor de la disciplina, o el dolor del lamento. Nosotros escogemos.
>
> —Wayne Cordeiro

La perspectiva más larga de la eternidad nos ayuda a soportar, pero también lo hace una visión más profunda del ejemplo supremo de aguante.

¿Enfrentamos oposición? Las autoridades civiles y religiosas se opusieron a Jesús en cada ocasión. ¿Encontramos maldad en todas sus formas? Satanás mismo lo tentó a Él. ¿Nos sentimos traicionados y abandonados? Las multitudes que gritaron "¡Hosanna!" poco después gritaron "¡Crucifícalo!". Y casi todos sus mejores amigos huyeron para salvar la vida en su momento de mayor necesidad. ¿Nos sentimos incomprendidos? El hijo de Dios bajó del cielo para rescatar a personas pecadoras, y ellos lo mataron. ¿Nos sentimos vulnerables? Él fue desnudado, golpeado y colgado en una cruz en humillación pública. ¿Por qué hizo Él todo eso? Por amor precisamente hacia aquellos que se habían alejado de Él, que habían atravesado sus manos con clavos, y que se burlaban de Él mientras colgaba de la cruz. Personas como tú y como yo.

Cuando tengamos ganas de rendirnos, podemos pensar en Jesús. En el mayor acto de amor conocido jamás, cuando estaba muriendo injustamente por quienes lo despreciaban, podría haber descendido de la cruz y haberlos matado a todos; pero se quedó.

Y RECUERDA:

SOLO CRECERÁS HASTA EL UMBRAL DE TU DOLOR.

10

COMPAÑEROS EN EL DOLOR

La amistad es un antídoto soberano
contra todas las calamidades.
—Séneca

Nuestros secretos nos matarán. Perseguirán nuestros sueños, nublarán nuestros planes, y distorsionarán nuestras relaciones. Quizás albergamos secretos porque la verdad sobre un acto de maldad en el pasado o un mal hábito es demasiado vergonzoso de confesar, o tal vez mantenemos ocultos nuestros secretos porque no tenemos verdaderos amigos que escucharán con sinceridad. En cualquiera de los casos, permanecemos solos, aislados y desesperados por mantenernos escondidos.

Podrías objetar: *¿Pueden matarnos nuestros secretos? Seguramente no es tan grave*. A veces lo es. Cuando los líderes no tienen ningún lugar donde desahogar sus frustraciones y a nadie que entienda su dolor, interiorizan todo el dolor, el temor, la confusión y el enojo. Algunos experimentan graves problemas fisiológicos que pueden resultar en enfermedad prolongada y muerte prematura; y otros se rinden totalmente. El suicidio puede llegar a ser una alternativa atractiva para líderes que no pueden ver ninguna luz en su futuro. Sienten aislamiento total y profunda desesperanza. Cuando yo necesito gasolina para mi auto, voy a una gasolinera. Cuando necesito comida, voy a un supermercado o un restaurante. Todo líder necesita preguntarse: "¿Quién está llenando mi tanque emocional? ¿Quién me está dando el sustento de esperanza, gozo y comprensión?".

Líderes en los negocios, organizaciones sin fines de lucro e iglesias, necesitan desesperadamente encontrar a alguien que no tenga ningún otro plan sino el de escuchar sin juzgar y amar sin condiciones. La angustia existencial de la desesperanza y la desesperación solo puede abordarse en comunidad: relaciones cercanas al menos con una persona, o varias, que se interesen genuinamente por nosotros. Nada menos bastará.

Casi tres de cada cuatro pastores dicen que piensan regularmente en dejar el ministerio,[1] muchos porque no tienen ni un solo amigo cercano. Solo unos cuantos han sido llaneros solitarios toda la vida. La mayoría de ellos tenían conexiones maravillosas y significativas en el pasado, pero algo sucedió: personas se mudaron a otro lugar, el estrés del trabajo se llevó el tiempo y la vida del uno o del otro, las personas tenían demasiadas ocupaciones y dejaron de llamar y tomar café, un simple malentendido se convirtió en un cisma irreparable, o la traición hizo añicos un vínculo de confianza. Cualquiera que sea la causa, la mayoría de los pastores no tienen a nadie en quien apoyarse, ninguna válvula de seguridad, ningún oído comprensivo, y ningún hombro sobre el que llorar.

El dolor solo puede manejarse eficazmente en una comunidad de confianza, afirmación y sinceridad; no necesariamente una comunidad grande, sino al menos con algunas personas que comprendan genuinamente. La mayoría de los líderes tienen que soportar tormentas personales que duran un tiempo y después remiten. Para los pastores, sin embargo, las tormentas nunca se detienen. Siguen llegando los torrentes, y sin una comunidad fuerte de apoyo, los pastores se derrumban bajo la presión. Consideremos las siguientes preguntas:

- ¿Quién en tu vida "te entiende" y no piensa que eres débil o extraño cuando peleas con las complejidades de tu función?
- ¿Quién te escucha sin sentirse obligado a darte consejos?
- ¿Quién hace segundas y terceras preguntas para que te abras en lugar de dar respuestas estándar, prescripciones simples y fórmulas fáciles?
- ¿Quién es tu puerto seguro donde puedes ser completamente sincero y abierto?
- ¿Quién llena tu tanque espiritual y emocional?

La respuesta a estas preguntas identifica tu *compañero en el dolor*: un amigo muy querido. En mi consultoría me esfuerzo por ser una persona segura con quien las personas puedan compartir sinceramente su dolor.

Un amigo me habló sobre su conversación esta mañana con un pastor, al que llamaremos James, que está mostrando señales de depresión leve. Lleva dos años en su iglesia. Cuando James era pastor asistente, tenía tres buenos amigos quienes de algún modo encontraban el tiempo para estar juntos cada dos semanas. Iban a partidos y al cine, a pescar, o solamente se sentaban y charlaban por horas. Los tres se trasladaron a otras posiciones al mismo tiempo que James aceptó su nuevo papel.

Cuando mi amigo mostró su desánimo mientras tomaban café, James admitió: "Sí, estoy al límite. Sinceramente, algunos días estoy al borde del abismo. Acepté un recorte de salario para ser el pastor principal en nuestra iglesia. Ya ves. ¿Quién hace eso? Y no tenía ni idea de que nuestro equipo de liderazgo era tal caos. Tras dos años, finalmente estoy encontrando el modo de resolver la tensión que ha existido desde... ah, desde que se fundó la iglesia hace quince años atrás".

"¿Quiénes son tus amigos? ¿Con quién puedes hablar?", preguntó mi amigo.

"En este momento, tú. Solía tener tres amigos. Podíamos decirnos el uno al otro cualquier cosa, y lo hacíamos. Éramos sinceros y nos apoyábamos. Esa es una combinación estupenda, especialmente para personas en el ministerio. Pero se han ido, y se nota. Cada día me siento más aislado, aunque las cosas finalmente van bastante bien en la iglesia. Me alegra que estés aquí". Hizo una pausa y después preguntó con tono de desesperación: "Tú *estás* aquí a mi lado, ¿no es cierto?".

> Las personas con amistades profundas y duraderas pueden ser introvertidas, extrovertidas, jóvenes, viejas, inteligentes, feas, bien parecidas; pero la característica que tienen siempre en común es la apertura.
>
> —Alan Loy McGinnis, *Friendship Factor*

SIN OPCIONES, SIN EXCUSAS

He conocido a líderes que han *sobrevivido* sin amigos porque tenían la mera fuerza de voluntad para seguir acudiendo día tras día, aunque siempre estaban en guardia en cada relación. Pero nunca he conocido a ningún líder que *prosperó* en sus funciones, en su familia o en su vida personal sin tener al menos unos pocos amigos de confianza. Un cónyuge puede ser un alentador maravilloso y el fan número uno de un líder, pero los líderes eclesiales necesitan a un colega o dos que soporten cargas similares y que entiendan las complejidades del papel.

En otras palabras, si no tienes uno o dos amigos, probablemente no llegarás muy lejos. Y si prosigues por fuerza de voluntad, no tendrás los recursos emocionales para conectar genuinamente con la gente. Serás un cascarón vacío que hace las cosas por inercia.

Algunos líderes ministeriales insisten: "Lo único necesario es Dios. Dios y yo... eso es bastante". Tonterías. Esa es una afirmación de arrogancia o de ignorancia. Dios nos ha creado como seres relacionales, ¡incluso a los pastores! Para operar como las personas que Dios ha creado y redimido, necesitamos la conexión vertical con Dios *y* conexiones horizontales significativas con las personas.

Ah, tenemos muchas conexiones horizontales como líderes en ministerios y organizaciones sin fines de lucro, pero la inmensa mayoría de ellas vacían nuestros tanques emocionales en lugar de llenarlos. No se necesita mucho tiempo para quedarnos vacíos. Simplemente tenemos que encontrar personas que invertirán en nosotros en lugar de sacar de nosotros siempre.

PUNTOS DE INICIO

Las personas esperan que los líderes sean la personificación de la calidez, la percepción, la amabilidad, la bondad y el humor. Pocos de nosotros podemos ni siquiera acercarnos a ese pedestal, pero algunos comienzan con más recursos que otros. Conozco a algunos líderes que se apoyan en los hombros de padres amorosos, fuertes y que les apoyan. Algunos de esos líderes son los últimos en un largo legado de liderazgo espiritual que se remonta a generaciones atrás. Son líderes poderosos, sabios y amorosos en gran medida porque vieron ese tipo de liderazgo moldeado delante de ellos cada día mientras crecían. Pero también conozco a muchos líderes estupendos cuyos padres no eran sabios, amorosos y fuertes. Aun así, los hombres y las mujeres que conozco rompieron el ciclo: impartieron mucha afirmación y aliento a sus propios hijos cuando ellos soñaban en grande.

Otros líderes, sin embargo, comenzaron sus labores con inmensos déficits emocionales y relacionales. Han tenido dificultad en las relaciones en cada área de la vida porque no les inculcaron afecto y sabiduría cuando eran jóvenes. Sin un fundamento seguro, intentaron dar algo que nunca les habían dado a ellos. Es confuso y agotador.

En un artículo de Internet, Bob Buford relataba la historia de Jim Collins, autor de libros destacados como *Empresas que sobresalen* y *Empresas que perduran*. Cuando tenía veinticinco años, Collins se dio cuenta de que no había recibido muchos intangibles que un padre debería transmitir a un hijo. En lugar de mantenerse pasivo, construyó un consejo directivo para su vida personal. Seleccionó personas que estaban dispuestas a invertir en él como lo haría alegremente un papá amoroso en su hijo. Esas personas proporcionaron lo que Collins no había tenido.

> Con frecuencia no tenemos tiempo para nuestros amigos, pero sí tenemos todo el tiempo del mundo para nuestros enemigos. —Leon Uris

Cuando Bob compartió la estrategia de Collins con otros líderes, recibió algunos comentarios poderosos. Alguien comentó que él, igual que Collins, necesitaba que Dios insertara "una tarjeta de acceso de padre para ser utilizada en nuestra mayor capacidad humana" porque carecía de "la significativa relación paternal que liberaría el potencial". Este hombre perseguía activamente relaciones con hombres sabios que eran más mayores que él (figuras paternas) que fueran "mentores para el momento cuya contribución... fuera medida no en meras horas sino también en ideas y perspectivas valiosas".[2]

Algunos de nosotros comenzamos con déficits relacionales, y otros se han secado en nuestras funciones como líderes espirituales, pero ninguno de nosotros tiene que permanecer vacío.

CONOCIDO Y AMADO

Una *percepción precisa* y el *amor genuino* no pueden separarse. Cuando alguien mira detrás de nuestras máscaras y ve nuestro lado sombrío, pero no nos sentimos amados, nos sentimos terriblemente amenazados por la exposición. Cuando alguien expresa sentimientos de amor, pero no nos conoce realmente, podemos considerar fácilmente esa muestra de afecto como superficial. Pero es increíblemente poderoso, transformador, estar en una relación donde podemos ser totalmente vulnerables sin temor, cuando la persona conoce lo peor de nosotros y aun así nos acepta.

Quizás encontramos consejeros profesionales y *coaches* ejecutivos a los que pagamos para que nos conozcan y crean en nosotros, y estas relaciones son tremendamente importantes; pero los amigos verdaderos no tienen precio. No encontramos este nivel de percepción y aceptación en un instante; lo cultivamos lentamente, con cuidado e intencionalmente. Damos pequeños pasos de riesgo para abrir nuestro corazón una capa más profunda que antes, y entonces vemos cómo lo maneja la persona. Y la otra persona corre el mismo riesgo con nosotros. Si nadie dice: "¡Oh, Dios mío! ¡No puedo creer que pensaras eso [o dijeras eso, o hicieras eso]!", ni salió corriendo, o se rio burlonamente, se ha establecido otro ladrillo en un fundamento de confianza. Y la próxima vez, y la siguiente, se arriesga más verdad y quizás se construye más confianza. Mientras ambos estén dispuestos a correr esos riesgos, a ser sinceros por una parte y escuchar con paciencia por otra, la relación puede profundizar y crecer.

Sin ninguna duda, somos profundamente humanos. Tenemos días malos. Reaccionamos mal y necesitamos sanar la herida infligida por palabras descuidadas, o descuidamos al amigo y necesitamos resolver la ofensa antes de poder avanzar. Es asombroso, sin embargo, que dos personas que se aman y confían la una en la otra puedan retomar una relación tras meses separados como si fuera ayer cuando abrían sus corazones.

> El mejor edulcorante de la vida humana es la amistad. Elevarla hasta el mayor grado de disfrute es un secreto que pocos descubren. —Joseph Addison

ELEGIR BIEN

Un líder confió: "Tengo un amigo que ha estado conmigo en las buenas y en las malas. Hemos estado juntos en todos los altibajos de la vida y el ministerio, pero recientemente me di cuenta de algo. Cuando estoy con él, no soy una mejor persona; no soy más positivo, más alegre o más fiel. No sé si ha sido así todos estos años, pero ha sido cierto en los últimos meses". Dio un profundo suspiro y reflexionó: "Quizás necesito encontrar un amigo mejor".

No todos nuestros amigos son compañeros en el dolor. Necesitamos ser selectivos. Después de tener su última cena con sus discípulos, Jesús fue al huerto de Getsemaní para orar. A la entrada del huerto le dijo al grupo que se quedara, pero invitó a tres (Pedro, Jacobo y Juan) a ir con Él mientras enfrentaba el horror del inminente infierno que experimentaría. Ellos eran sus compañeros en el dolor. Sin ninguna duda, después se dieron cuenta de que aquello fue uno de los mayores honores de sus vidas, pero se quedaron dormidos mientras Jesús oraba. En su gracia, Jesús les dio solo una leve reprimenda; Él entendía que también ellos iban a enfrentar mucho dolor horas después.

Las personas que nos son más cercanas (nuestro cónyuge, hermano, hermana, padres, hijos, o compañeros de equipo) quizás no sean el compañero adecuado para nosotros en nuestro dolor. ¿Por qué? Probablemente porque no pueden ser objetivos cuando derramamos nuestro corazón ante ellos. Nuestro dolor amenaza su seguridad, de modo que podrían sentirse incómodos con nuestra aflicción. Quieren que nos sintamos felices y lo superemos rápidamente, y por eso nos dan respuestas simplistas. O esas personas tal vez sean una fuente importante de nuestro dolor, y no son buenos candidatos como confidentes. Quizás tienen poder sobre nuestros ingresos, de modo que tienen más poder (y planes) de los que nos gustaría en un compañero en el dolor.

Diferentes dolores, entonces, requieren diferentes compañeros. Escoge sabiamente, pero escoge.

CONSTRUIR AMISTADES

Es una máxima de las relaciones humanas que si quieres un amigo, necesitas ser amigo. El problema, sin duda, es que necesitamos un amigo cuando estamos estresados, enojados, evasivos y consumidos con protegernos a nosotros mismos en lugar de sentirnos cómodos acercándonos para ayudar a otros. A continuación tenemos principios claros y profundos sobre construir y mantener amistades. La mayoría de las personas los leerán y suspirarán: "Yo ya sabía eso", pero quizás necesitamos que nos recuerden *hacer* realmente esas cosas. El autor británico Samuel Johnson observó: "Las personas necesitan que les recuerden más veces de las que necesitan que les enseñen".

ESCUCHAR

El primero —y se puede decir que el principio más importante para conectar con otros— es escuchar... escuchar *realmente*... su corazón y no solo sus palabras. Demasiadas veces estamos tan enfocados en nuestras heridas y esperanzas que pasamos por alto totalmente a las personas sentadas delante de nosotros (o en la cama, la sala de juntas, o al otro lado del teléfono). En su penetrante libro *Just Listen* (Solamente escucha), Mark Goulston observa las barreras para que otros nos escuchen, las cuales son también razones por las que quizás nosotros no los escuchamos:

> Las personas tienen sus propias necesidades, deseos y planes. Tienen secretos que te están ocultando; y están estresadas, ocupadas, y a menudo se sienten con el agua al cuello. Para lidiar con su estrés e inseguridad, lanzan barricadas mentales que hacen que sea difícil llegar a ellas, incluso si comparten tus metas; y resulta casi imposible si son hostiles. Encara a esas personas armado únicamente con la razón y hechos, o recurre a argumentar, alentar o rogar, y esperarás llegar a ellas, pero a menudo no lo lograrás. En cambio, serás derribado y nunca sabrás por qué... La buena noticia es que puedes comunicarte, simplemente cambiando tu enfoque.[3]

El enfoque de Goulston es aprender el arte de escuchar. Entre el arte lógico pero pocas veces practicado de escuchar está la empatía, es decir, reflejar los sentimientos de las personas para que se sientan comprendidos, y estar más interesados en la otra persona que en nosotros mismos.

REVELAR

Una segunda característica que nos ayuda a construir amistades verdaderas es el mostrarnos. Algunas personas dan demasiada información muy rápidamente y demasiadas veces. Suponen que su valentía para abrirse conduce necesariamente a una relación más profunda, pero las personas perceptivas entienden que quienes son demasiado abiertos no son realmente seguros. En cambio, las relaciones se profundizan gradualmente mediante un baile lento de apertura, un poco cada vez, no demasiado o muy poco, de modo que ambas personas se sientan cómodas, comprendidas y confiables.

> Los apegos íntimos a otros seres humanos son el núcleo en torno al cual gira la vida de una persona.
>
> —John Bowlby

ENCONTRAR TERRENO COMÚN

Sin duda, las amistades verdaderas raras veces se producen cuando las personas no tienen nada en común. El romance puede que sea la atracción de los contrarios, pero las amistades generalmente cuajan en torno a un vínculo común: un equipo al que vitorear (o gritar), niños, pasatiempos, o alguna otra cosa que sea importante para ambos. Las amistades duraderas se construyen sobre estos tres pilares: escuchar, revelar, y encontrar terreno común.

MANTENER LAS AMISTADES

Algunas personas hacen amigos lentamente y los mantienen para siempre; otras tienen muchísimos amigos, pero cambian con el viento. Para los líderes ocupados y estresados, mantener buenas amistades es tan esencial como encontrar nuevos amigos.

Cuando las relaciones son dañadas, no siempre podemos enmendarlas pero podemos intentarlo. Aquí tenemos cuatro conceptos que pueden ayudar.

SINCERIDAD

Nunca he sabido de una relación tensa que se arreglara sin que alguien tuviera la valentía de decir: "Algo entre nosotros está roto. ¿Podemos intentar arreglarlo?". El tiempo, sin duda, *no* sana todas las heridas. El tiempo generalmente tan solo endurece la percepción que dice: "Yo tengo razón y la otra persona está equivocada". Reparar una relación rota quizás requiere solamente una conversación sincera, o tal vez necesita derribarla por completo y reconstruirla. Considera el costo para determinar si vale la pena. A menudo, no lo sabrás hasta que hayas dado los primeros pasos para descubrir el alcance del daño real (antes de eso, tus suposiciones negativas quizás hayan sido exageradas, o el problema tal vez sea mucho peor de lo que imaginabas).

Comienza la conversación con palabras amables y que invitan. Tal vez te sientes herido e impulsado a atacar, pero la otra persona puede que se sienta igualmente herida y a la defensiva. Calma el inicio expresando tristeza por la brecha en la relación y tu deseo de repararla, y después ofrece una invitación al diálogo, y escucha, escucha de veras, sin defenderte, dar explicaciones o dar consejos. En cambio, haz preguntas con final abierto. Más adelante, cuando el tanque de la sospecha y el enojo esté ya seco, es momento de decir: "Gracias por ser sincero conmigo. Veamos dónde podemos ir desde aquí". Has de estar dispuesto a decir: "Yo estaba equivocado".

PERDÓN

El perdón va contra la naturaleza humana. Cuando hemos sido heridos, queremos distancia o venganza (o *ambas*). Tanto como podamos y cuanto antes podamos, necesitamos expresar perdón a quienes nos han herido, y necesitamos pedir perdón por cualquier cosa, y me refiero a cualquier cosa, que hayamos dicho o hecho para herir a otros. El perdón es lo único que aplaca el dolor en nuestras vidas y venda una relación rota. El pastor y filósofo Lewis Smedes comentó: "La venganza es tener una cinta de video plantada en tu alma que no puede apagarse. Pone la escena dolorosa una y otra vez dentro de tu mente... Y cada vez que la ves, vuelves a sentir el golpe del dolor... Perdonar apaga la cinta de video del recuerdo doloroso. Perdonar te hace libre".[4]

Probablemente lo hayas oído antes, pero negarnos a perdonar es como beber veneno y esperar que la otra persona muera.

SOPORTAR CON OTROS

Las personas estresadas son frágiles, quebradizas y punzantes. Normalmente no son las personas más pacientes, pero mantener amistades requiere la característica de soportar a las personas cuando son molestas, difíciles y defensivas, ¡personas como nosotros! Necesitamos sabiduría para saber cuándo llamar la atención a un amigo por su necedad y cuándo dejar que corra. Si es un problema recurrente o que puede causar un daño irreparable, necesitamos intervenir y hablar, y después soportar con nuestro amigo a medida que él o ella procesa lo que hemos dicho. Pero más veces necesitamos dejar que palabras ligeramente ofensivas se evaporen en la calidez de nuestro amor y comprensión. Si Dios nos marcara por cada cosa necia, egoísta u ofensiva que hemos pensado o dicho, no tendríamos nunca un minuto para pensar en otra cosa. Dios soporta con nosotros todo el día, cada día. Su Espíritu escoge con mucho cuidado el momento para darnos convicción, y nosotros deberíamos hacer lo mismo con nuestros amigos. Muchas veces, solamente necesitamos estar callados y dar apoyo. Eso es soportar con quienes están heridos, son frágiles o molestos.

INVERTIR EN LA RELACIÓN

Tenemos que invertir nuestro corazón y nuestro tiempo en reconstruir una relación que ha quedado rota. Y si somos amigos el tiempo suficiente, los malentendidos y el conflicto son inevitables. La sanidad no se produce porque sí. En el cuerpo humano, los glóbulos rojos llevan constantemente nutrientes a cada parte del cuerpo, y cuando hay una enfermedad o herida, los glóbulos blancos llevan enseguida las propiedades sanadoras del cuerpo al lugar adecuado. Invertimos en la amistad enfocándonos ahora en lo que es bueno y admirable de nuestro amigo o amiga, en lugar de aplastarlo en nuestro corazón como hacíamos antes de comenzar el proceso de sanidad. Recuerda lo que producía risas y significado antes de la ruptura. Vuelve a acampar en esos lugares, y mira si puede avivarse el fuego.

Cuando tenemos dolor, lo último que queremos es agarrar el teléfono y llamar a alguien para pedir ayuda. Todo en nosotros grita: "¡Escóndete! ¡No seas vulnerable! ¡Protégete a ti mismo a toda costa!". Esa voz parece razonable, pero conduce a mayor aislamiento, aflicción y desesperación.

Cuando tengas problemas, no esperes. Agarra el teléfono. Llama a alguien y pide ayuda. Es esencial para tu salud mental y emocional, y es necesario para que seas el líder, el cónyuge y el padre o madre que quieres ser.

Y RECUERDA:
SOLO CRECERÁS HASTA EL UMBRAL DE TU DOLOR.

11

TE TOCA MOVER

Nunca te conocerás verdaderamente a ti mismo,
o la fuerza de tus relaciones, hasta que ambos hayan sido
probados por la adversidad.
—J. K. Rowling

El dolor es inevitable.

El dolor se incuba.

El dolor es indiferente.

El modo en que interpretamos y respondemos al dolor nos lanza a una marcha que nos impulsa hacia adelante o hacia atrás. Aunque el dolor en sí es indiferente, nunca tiene un efecto indiferente. El dolor te cambiará de un modo u otro. Todos tenemos un modo por defecto de lidiar con el dolor: pelea, lucha o parálisis. Es el modo en que lidiamos con conflictos, amenazas, temores y pérdidas durante toda nuestra vida, pero nuestro modo por defecto quizás ya no sea una manera productiva y sana de manejar el dolor. Ahora es momento de cambiar.

El cambio solamente sucede cuando nuestro nivel de deseo (o realmente desesperación) se eleva por encima del nivel de nuestros temores. El dolor es un punto de inflexión: puede hacer que retrocedamos a un agujero y esperemos que se vaya, o puede provocar nuevas esperanzas, nuevos planes, y nuevas pasiones por aprender las lecciones que pueden enseñarnos.

Enfrentar dolor tal vez requiere más valentía de la que hemos tenido nunca en nuestra vida. En muchos momentos diferentes, probablemente incluso hoy mismo, puedo garantizar que llegarás al umbral de tu dolor y pensarás: ¡Ya he tenido bastante! Eso es todo lo que puedo asimilar. ¡Sáquenme de aquí! Pero no ha terminado. Sencillamente has volteado la página siguiente en la historia de tu vida de un liderazgo excelente. Estás en este momento porque has navegado exitosamente por muchos tipos de sufrimiento, pérdida, tristeza, traición y complejidad. Has elevado tu umbral de dolor muchas veces en el pasado. Es momento de volver a elevarlo.

> Las bendiciones algunas veces llegan mediante el quebranto que nunca podría llegar de ninguna otra manera. Al reflexionar sobre mi propia vida, he llegado a la conclusión de que la gracia ha llegado por medio de mí con más poder algunas veces cuando he sido muy disfuncional e inadaptado.
>
> —Gerald G. May, *The Awakened Heart*

COMÚN A TODOS NOSOTROS

El dolor que experimentas no es único. Incontables líderes en iglesias, organizaciones sin fines de lucro y negocios han sufrido los mismos tipos de heridas y confusión. La respuesta no es intentar construir una vida que esté libre de dolor, pues eso no sucederá en esta vida. Solamente las personas muertas, y las personas resucitadas, no sienten ningún dolor.

El liderazgo implica necesariamente dolor. Mientras más eleves tu umbral de dolor, más dolor experimentarás. Es cierto en todos los campos. Veamos las fotografías de los presidentes estadounidenses el día en que asumieron el cargo y el día en que se fueron. Las presiones y dolores de liderar el mundo libre hacen que su cabello sea gris y tengan bolsas bajo los ojos. El problema no es la pobreza, pues viven una vida consentida. Tienen cuidado médico personal, la mejor nutrición, su propio avión, y un equipo sobresaliente para realizar cada tarea asignada. Pero el dolor cobra factura. Quizás nos quejamos de que llevamos el peso del mundo sobre nuestros hombros, pero literalmente está en los de ellos.

> O bien nos hacemos desgraciados a nosotros mismos, o nos hacemos fuertes. La cantidad de trabajo es la misma.
> —Carlos Castaneda

Con optimismo, los principios y percepciones de este libro te han ayudado a entender el poder del dolor para destruir y edificar, pero más aún, espero que hayas obtenido algunas perspectivas sobre tus respuestas a distintos tipos de dolor. Tienes opciones. Y todas las opciones son relevantes. En algún punto, dejarás de ver el dolor como un enemigo y harás las paces con él. Igual que Pablo, verás el dolor como una sorprendente fuente de fortaleza. Pablo aprendió que el poder de Dios "se perfecciona en la debilidad" (2 Corintios 12:9).

Pablo no estaba bajo ningún espejismo sobre las dificultades que enfrentan los creyentes. Tal como Cristo sufrió, su pueblo es llamado a sufrir también. En una carta a los corintios, Pablo dio un destello de los propósitos de Dios para nuestro pasado, presente y futuro. Somos "vasijas de barro" que contienen "el sublime poder de Dios" en nosotros. Con este realismo brutal y firme esperanza, podemos encontrar el corazón de Dios incluso en la más profunda oscuridad. Pablo explicó:

> *Nos vemos atribulados en todo, pero no abatidos; perplejos, pero no desesperados; perseguidos, pero no abandonados; derribados, pero no destruidos. Dondequiera que vamos, siempre llevamos en nuestro cuerpo la muerte de Jesús, para que también su vida se manifieste en nuestro cuerpo. Pues a nosotros, los que vivimos, siempre se nos entrega a la muerte por causa de Jesús, para que también su vida se manifieste en nuestro cuerpo mortal. Así que la muerte actúa en nosotros, y en ustedes la vida.* (2 Corintios 4:7-12)

Cuando experimentamos la bondad y la grandeza de Dios en nuestros momentos más dolorosos, personas que nos rodean (familiares y amigos, creyentes e incrédulos, desconocidos y enemigos) lo observan, ¡y se asombran de la presencia de Cristo en nosotros!

Pero eso no es todo. Pablo no solo mira al pasado doloroso o al presente con propósito; también señala a un futuro glorioso. A pesar de cuánto sufrimiento soportemos, tenemos esperanza en que Dios le dará sentido a todo ello. Él concluyó:

> *Por tanto, no nos desanimamos. Al contrario, aunque por fuera nos vamos desgastando, por dentro nos vamos renovando día tras día. Pues los sufrimientos ligeros y efímeros que ahora padecemos producen una gloria eterna que vale muchísimo más que todo sufrimiento. Así que no nos fijamos en lo visible, sino en lo invisible, ya que lo que se ve es pasajero, mientras que lo que no se ve es eterno.*
>
> (2 Corintios 4:16-18)

Cuando creemos esto, no solo con nuestras palabras sino también en las profundidades de nuestro corazón, podremos soportar mucho más dolor. Nuestro umbral se elevará, y seremos líderes mucho mejores.

ESPERAR INCLUSO MÁS

¿Quieres ser fuerte en la gracia y el poder de Dios? Haz las paces con el dolor que Dios envía a tu camino. Reconócelo como un trampolín para el crecimiento y una plataforma para una mayor eficacia. Lo necesitarás. Dios tiene mucho más preparado para ti.

En los deportes, cuando los equipos llegan a las eliminatorias, los partidos que realmente importan, muchos jugadores están sufriendo los mayores dolores de la temporada. En cada deporte (la NBA, la NFL, la Copa del Mundo, MLB, en todos los deportes a todos los niveles de competición), los jugadores están maltrechos al final de la temporada regular; pero ahora están al borde de un campeonato. Han jugado duro durante meses, y están golpeados, magullados, con torceduras e incluso roturas, pero han soñado y trabajado duro para llegar a las eliminatorias. ¡No se lo perderían por nada del mundo! Incluso en las eliminatorias, probablemente no están en mala forma para el primer partido, pero cada juego multiplica sus lesiones. Cuando llegan al partido del campeonato, muchos de ellos a duras penas pueden caminar, pero siguen jugando, negándose a que los saquen de la cancha. Lo arriesgan todo a cambio de la meta de ganar un trofeo.

En una de las hazañas más asombrosas de la historia del deporte, la estrella de los Chicago Bulls, Michael Jordan, se despertó en mitad de la noche antes de un partido crucial de las eliminatorias. Tenía gripe. Se excusó para no asistir al entrenamiento de la mañana siguiente. A medida que se aproximaba la hora del partido, estaba deshidratado y débil. Había perdido varios kilos. Se levantó de la cama arrastrando puntos compañero de equipo Scottie Pippen dijo después: "Por el aspecto que tenía, no había manera alguna en que yo pensara que podría ni siquiera ponerse el uniforme. Nunca lo había visto así. Se veía mal, realmente mal".

Jordan se sentó en un cuarto oscuro cerca del vestuario, y se visualizó a sí mismo en el partido: corriendo, lanzando y pasando. Fue tambaleándose hasta el vestuario, se puso su uniforme y le dijo a su entrenador: "Puedo jugar".

Durante el tiempo de descanso del primer cuarto, Jordan se inclinó, cerró los ojos y casi se cayó al piso. Unos minutos después se dejó caer en una silla en la banda. De algún modo, Jordan siguió jugando, y de algún modo pudo marcar. Increíblemente, consiguió treinta y ocho puntos aquella noche, incluido el tiro ganador del partido cuando quedaban pocos segundos para finalizar.

Después del partido, Jordan dijo: "Fue probablemente lo más difícil que haya hecho nunca. Jugué casi hasta desmayarme para ganar un partido de baloncesto. Si hubiéramos perdido, me habría quedado devastado".

Su entrenador dijo: "Debido a las circunstancias, siendo este un partido crítico en las finales tendría que decir que este es el partido más estupendo que he visto jugar a Michael. Solamente estar de pie le causaba náuseas y mareo. Fue un esfuerzo heroico, uno que añadir a la colección de esfuerzos que forman su leyenda".

Pippen añadió: "Él es el más grande, y todo el mundo pudo verlo esta noche".[1]

¿Estamos jugando nosotros por algo menos? Pablo comparó nuestra disposición a soportar el dolor de seguir a Cristo con el dolor de la disciplina deportiva: *¿No saben que en una carrera todos los corredores compiten, pero solo uno obtiene el premio? Corran, pues, de tal modo que lo obtengan. Todos los deportistas se entrenan con mucha disciplina. Ellos lo hacen para obtener un premio que se echa a perder; nosotros, en cambio, por uno que dura para siempre* (1 Corintios 9:24-25).

Esta perspectiva no minimiza el dolor que soportamos como líderes, sino que lo sitúa en contexto. Pablo a veces pasaba al detalle elaborado para describir cómo había sufrido, y Lucas nos dice mucho más sobre los golpes, la tortura y la oposición de los que fue testigo mientras seguía a Pablo en sus viajes. El dolor es intenso. No hay modo alguno de negar eso. Pero otra capa de significado se añade: Dios lo está utilizando, incluso si no tiene ningún sentido en el momento, para un propósito mayor.

> Deberíamos estar asombrados por la bondad de Dios, sorprendidos porque Él se moleste en llamarnos por nombre, con la boca abierta ante su amor, perplejos porque en este mismo momento estemos sobre tierra santa.
>
> —Brennan Manning

EL CRISOL DE LA HUMILDAD

Este viaje de liderazgo a menudo puede ser solitario, de modo que necesitamos asegurarnos de encontrar al menos a uno o dos compañeros en el dolor que nos ayuden a llevar la carga. Cuando nos sentimos cargados y solos, nos volvemos lamentables o furiosos, y algunos de nosotros podemos ser ambas cosas en la misma hora. Necesitamos a alguien que nos recuerde que el dolor es inevitable, se incuba y es indiferente, y que Dios está elevando nuestro umbral de dolor para que podamos ser aún más eficaces.

Autocompasión no es humildad; es lo contrario a la humildad. Grita para que las personas nos miren y observen cuánto hemos sufrido. La humildad es el fundamento de seguridad que no demanda o espera aplausos o reconocimiento. La esencia de la humildad genuina no es pensar menos de nosotros mismos, sino pensar menos en nosotros mismos. El dolor tiene la capacidad de aplastarnos, pero ¿qué queda en el fondo del crisol? ¿Es alguien que está enojado, resentido y ensimismado, o es alguien que ha tenido un encuentro con Cristo allí, ha experimentado su gracia de una manera nueva, y ha sido transformado y liberado por el encuentro con el dolor?

Cuando pensamos en líderes poderosos, quizás la última cualidad de carácter que imaginamos es la humildad. La historia está sembrada de líderes que estuvieron al volante de conquistas militares, revoluciones políticas y avances industriales que cambiaron naciones y el mundo. La famosa cita de Maquiavelo es: "Es mejor ser temido que amado". El poder crudo, sin embargo, tiene sus limitaciones, especialmente para quienes aspiran a ser líderes espirituales.

Para los líderes, la opción no está entre ser poderoso o débil; la opción está entre utilizar sus talentos para explotar a las personas para sus propios fines o utilizarlos para el bien mayor. Los líderes que son poderosos y humildes son escasos, pero tienen un impacto profundo en todos en su organización. Valoran a cada persona, desde el equipo de limpieza hasta la oficina ejecutiva. Este es el tipo de líder al que la gente le gusta seguir. Este es el tipo de líder en el que creen cuando llegan tiempos difíciles. Este es el tipo de líder que dirige los esfuerzos de todos para lograr más de lo que cualquiera soñó que fuera posible. Este tipo de liderazgo comienza con humildad.

CADENA DE FAVORES

Quienes te rodean son esponjas que absorben tus actitudes sobre la vida. Tu cónyuge y tus hijos, tus amigos, tu equipo, los miembros de tu iglesia, los vecinos y tu comunidad están deseosos de ver cómo manejas los muchos dolores que la vida y el liderazgo te lanzan. Para ellos, eres un centinela de esperanza, no de perfección sino de la esperanza genuina en que un mero mortal puede sufrir terriblemente y salir al otro lado con más gozo, amor y propósito que antes. Necesitamos desesperadamente personas que tengan este tipo de esperanza. El sendero que atraviesa las tormentas puede que sea oscuro y confuso, pero podemos confiar en que Dios está con nosotros, agarrando nuestra mano, incluso cuando no sentimos su presencia.

> Dios quiere que escojamos amarlo libremente, incluso cuando esa opción implique dolor, porque estamos comprometidos con Él y no con nuestros propios sentimientos y recompensas. Quiere que nos aferremos a Él, como hizo Job, incluso cuando tengamos todas las razones para negarlo con vehemencia.
>
> —Philip Yancey, *¿Dónde está Dios cuando sufro?*

Hace unos años atrás, Philip Yancey iba conduciendo a casa por una autopista resbalosa en invierno. Perdió el control de su auto y chocó. Cuando llegó el equipo de emergencias, descubrieron que se había roto el cuello. Le dijeron que un trozo de hueso podría clavarse en una arteria en cualquier momento y matarlo. Él entendió que quizás le quedaban solamente minutos de vida. Estuvo atado a una tabla durante varias horas antes de que los médicos le dijeran que estaba fuera de peligro. Yancey dijo que durante aquellas horas de dolor y temor, meditaba incesantemente en tres preguntas:

- ¿A quién amo?
- ¿Qué he hecho con mi vida?
- ¿Estoy listo para lo que venga ahora?

Reflexionó: "Debería haber vivido a la luz de estas preguntas finales todo el tiempo, sin duda. Fue necesaria esa concentración de dolor para enfocarlas. El dolor es inevitable, y sin embargo puede ser útil e incluso redentor".[2]

No huyas de tu dolor. No niegues que existe. Es la herramienta de desarrollo de liderazgo más eficaz que el mundo haya conocido jamás. Solamente crecerás hasta el umbral de tu dolor, ¡de modo que elévalo!

Y RECUERDA:

SOLO CRECERÁS HASTA EL UMBRAL DE TU DOLOR.

NOTAS

CAPÍTULO 1

1. Elisabeth Kübler-Ross, *On Death and Dying* (Nueva York: Scribner, 1969), pp. 37-132.

2. Paul Brand y Philip Yancey, *The Gift of Pain* (Grand Rapids: Zondervan,1997), pp. 3-5. Usado con el permiso de Zondervan. www.zondervan.com.

3. David Brooks, "What Suffering Does", *New York Times*, 7 de abril de 2014.

4. Paul Devlin, "Shelton SportsBeat: NFL, Concussions and Death", Patch.com, 9 de mayo de 2012, http://patch.com/connecticut/shelton/shelton-sportsbeat-nfl-concussions-and-death.

5. Ahora Universidad Beulah Heights, www.beulah.edu.

CAPÍTULO 3

1. Richard Swenson, *Margin: Restoring Emotional, Physical, Financial, and Time Reserves to Overloaded Lives* (Colorado Springs: Navpress, 1992).

2. Patrick A. Means, *Men's Secret Wars* (Grand Rapids: Revell, 1996), citado en Bo Lane, "How Many Pastors Are Addicted to Porn? The Stats Are Surprising", Expastors, 25 de marzo de 2014, www.expastors.com/how-many-pastors-are-addicted-to-porn-the-stats-are-surprising/.

3. Extraído de *Can You Drink the Cup?* de Henri J. M. Nouwen. Copyright ©1996, 2006 por Ave Maria Press®, Inc., P.O. Box 428, Notre Dame, IN 46556, www.avemariapress.com. Usado con permiso de la editorial.

4. Citado en Stephen E. Ambrose, *Band of Brothers: E Company, 506t Regiment, 101st Airborne from Normandy to Hitler's Eagle's Nest* (1992, reimpresión, Nueva York: Simon & Schuster, 2001), p. 203.

5. Mae Mills Link y Hubert A. Coleman, *Medical Support of the Army Air Forces in World War II* (Washington DC: Office of the Surgeon General, Department of the Air Force, 1955), p. 851.

6. Ivan Maisel, "Archie Manning faces family history", ESPN.com, 24 de septiembre de 2013, http://espn.go.com/college-football/story/_/id/9716260/spurred-book-manning-archie-manning-reluctantly-embraces-legacy.

7. Jon Saraceno, "Through aches and pains, Minnesota Vikings QB Brett Favre still driven by dad", USA Today, 17 de diciembre de 2009, http://archive.greenbaypressgazette.com/article/20091217/PKR01/91217175/Through-aches-pains-Minnesota-Vikings-QB-Brett-Favre-still-driven-by-dad.

8. Gary L. McIntosh y Samuel D. Rima Sr., *Overcoming the Dark Side of Leadership: The Paradox of Personal Dysfunction* (Grand Rapids: Baker, 1997).

CAPÍTULO 4

1. Para saber más acerca de los esfuerzos de Scott, ver *Ready, Set, Grow: Three Conversations That Will Bring Lasting Growth to Your Church* (Springfield, MO: My Healthy Church, 2013).

2. Branimir Schubert, "Organizational Pain", *Christianity Today*, ©2006 Christianity Today International. Usado con permiso de Leadership Journal. www.leadershipjournal.net.

https://www.christianitytoday.com/pastors/2006/spring/11.41.html.

3. Joseph Mattera, "Why Pain Comes Before Promotion", 1 de agosto de 2013, www.coalitionofapostles.com/why-pain-comes-before-promotion.

CAPÍTULO 5

1. Drew Hendricks, "8 Signs You're an Entrepreneur", Forbes, 29 de noviembre de 2013, www.forbes.com/sites/drewhendricks/2013/11/29/8-signs-youre-an-entrepreneur/2.

2. John Ortberg, *Overcoming Your Shadow Mission* (Grand Rapids: Zondervan, 2008), p. 35. Usado con permiso de Zondervan. www.zondervan.com.

3. Ortberg, *Overcoming Your Shadow Mission*, p. 36.

4. Mark Love, "These Are Your Pastor's Secrets: Read Slowly", *Church Leaders*, www.churchleaders.com/worship/

worship-articles/169791-mark-love-your-pastors-secrets-read-slowly.html.

5. Henri Nouwen, *Bread for the Journey: A Daybook of Wisdom and Faith* (San Francisco: Harper SanFrancisco, 1997), 3 de abril.

6. A. W. Tozer, *The Root of the Righteous* (Harrisburg, PA: Christian Publications, 1955), p. 47

CAPÍTULO 6

1. Neal E. Boudette, "GM CEO to Testify Before House Panel", *Wall Street Journal,* 17 de junio de 2014, citado en línea en wsj.com/articles/gm-ceo-to-testify-before-congressional-sub-committee-wednesday-1403021529.

2. *Ibid.*

3. Adaptado de Samuel R. Chand, *Cracking Your Church's Culture Code: Seven Keys to Unleashing Vision and Inspiration* (San Francisco: Jossey-Bass, 2011), pp. 144-145.

4. Eric T. Wagner, "Five Reasons 8 out of 10 Businesses Fail", *Forbes,* 12 de septiembre de 2013, www.forbes.com/sites/ericwagner/2013/09/12/five-reasons-8-out-of-10-businesses-fail.

5. Sandra Sanger, "The Illusion of Control", World of Psychology, psychcentral.com/blog/archives/2011/10/03/the-illusion-of-control.

CAPÍTULO 7

1. Katie Arnold, "Drafting Dean: Interview Outtakes", *Outdoor,* 8 de diciembre de 2006, www.outsideonline.com/

outdoor-adventure/running/Drafting-Dean--Interview-Outtakes.html.

2. Michael Hyatt, "Why Discomfort Is Good for You", Intentional Leadership, 19 de diciembre de 2011, www.michael-hyatt.com/why-discomfort-is-good-for-you.html.

3. Robert I. Sutton, "How Bad Apples Infect the Tree", *New York Times*, 28 de noviembre de 2010, http://www.nytimes.com/2010/11/28/jobs/28pre.html?_r=0.

4. Del libro de Samuel R. Chand, *Cracking Your Church's Culture Code: Seven Keys to Unleashing Vision and Inspiration* (San Francisco: Jossey-Bass, 2011), pp. 5-6.

CAPÍTULO 8

1. Larry Crabb, *Finding God* (Grand Rapids: Zondervan, 1993), p. 18. Usado con permiso de Zondervan. www.zondervan.com.

CAPÍTULO 9

1. Jeff Z. Klein and Stu Hackel, "Slap Shot: Playing When It Hurts Till a Playoff Run Ends", *New York Times*, 29 de mayo de 2011, query.nytimes.com/gst/fullpage.html?res=9B06E1DF163DF93AA15756C0A9679D8B63.

2. Gina Kolata, "How to Push Past the Pain, as the Champions Do", *New York Times*, 18 de octubre de 2010, https://www.nytimes.com/2010/10/19/health/nutrition/19best.html.

3. *Ibid.*

4. *Ibid.*

5. *Ibid.*

6. Associated Press, "Former Rep. Jesse Jackson, Jr. sentenced to 30 months in prison", 14 de agosto de 2013,

https://www.washingtonpost.com/local/jesse-l-jackson-jr-set-to-be-sentenced-in-dc-federal-court/2013/08/13/ac5e8296-0452-11e3-88d6-d5795fab4637_story.html.

7. Associated Press, "Son's Woes weigh heavily on the Rev. Jesse Jackson", *USA Today*, 1 de diciembre de 2012, www.usatoday.com/story/news /politics/2012/12/01/ jesse-jackson-jr-jesse-jackson/1738899/.

8. Seth Barnes, "Where Is God When I'm in Pain?", *Church Leader*, www.churchleaders.com/pastors/pastor-articles/175028-seth-barnes-god -when-im-in-pain.html. Usado con permiso.

9. Bob Gass, "Resilient People", https://www.patheos.com/blogs/robertricciardelli/ricciardelli/resilient-people-by-bob-gass/.

10. Wayne Cordeiro con Frances Chan y Larry Osborne, *Sifted: Pursuing Growth Through Trials, Challenges, and Disappointments* (Grand Rapids: Zondervan, 2012), p. 10. Usado con permiso de Zondervan. www.zondervan.com.

11. Cordeiro, *Sifted*, pp. 31-32.

12. J. R. Briggs, "Transforming Failure", *Leadership Journal*, primavera de 2014, pp. 21-24.

CAPÍTULO 10

1. Anugrah Kumar, "Nearly 3 in 4 Pastors Regularly Consider Leaving due to Stress, Study Finds", *Christian Post*, 21 de junio

de 2014, https://www.christianpost.com/news/nearly-3-in-4-pastors-regularly-consider-leaving-due-to-stress-study-finds.html.

2. Bob Buford, "The Cuts Make the Key—The Power of Metaphors", 8 de octubre de 2013, lead-net.org/my_next_book_year_9_chapter_11_the_cuts_make_the_key_the_power_of_meta/

3. Mark Goulston, *Just Listen: Discover the Secret of Getting Through to Absolutely Anyone* (Nueva York: American Management Association, 2010), pp. 7-8.

4. Lewis Smedes, "Forgiveness: The Power to Change the Past", *Christianity Today*, ©1983 Christianity Today International. Usado con permiso de *Leadership Journal*. www.leadershipjournal.net. https://www.christianitytoday.com/ct/2002/decemberweb-only/12-16-55.0.html.

ACERCA DEL AUTOR

Como un liberador de sueños, el Dr. Chand sirve a pastores, ministerios y negocios como arquitecto de liderazgo y estratega del cambio. El Dr. Chand ha trabajado como pastor principal, presidente de universidad, rector y presidente emérito.

Personalmente realiza consultoría, mentoría, y es *coach* de algunos de los pastores de las iglesias más grandes del país, habla regularmente sobre liderazgo en conferencias, iglesias, corporaciones, mesas redondas, conferencias de ministerios, seminarios y otras oportunidades de desarrollo de liderazgo. Fue incluido en la lista de los treinta principales gurús de liderazgo.

Su visión singular para su vida es ayudar a otros a tener éxito. El Dr. Chand desarrolla líderes mediante consultorías, libros, capacitaciones y charlas de liderazgo. Los líderes utilizan los libros del Dr. Chand como manuales en todo el mundo en el desarrollo de liderazgo.

El haberse criado como hijo de pastor en la India, ha equipado al Dr. Chand de manera excepcional para compartir su pasión por mentorear, desarrollar e inspirar a líderes a romper todos los límites, en el ministerio y la empresa.